农地确权对农业生产环节外包及要素配置的影响研究

NONGDI QUEQUAN DUI NONGYE SHENGCHAN HUANJIE WAIBAO
JI YAOSU PEIZHI DE YINGXIANG YANJIU

陈江华　著

中国农业出版社

北　京

图书在版编目（CIP）数据

农地确权对农业生产环节外包及要素配置的影响研究/
陈江华著. —北京：中国农业出版社，2022.12
ISBN 978-7-109-30329-4

Ⅰ.①农…　Ⅱ.①陈…　Ⅲ.①农业用地－土地所有权
－土地制度－研究－中国②农业生产－生产管理－研究－
中国　Ⅳ.①F321.1

中国国家版本馆 CIP 数据核字（2023）第 002603 号

中国农业出版社出版

地址：北京市朝阳区麦子店街 18 号楼
邮编：100125
责任编辑：闫保荣
版式设计：王　晨　　责任校对：李伊然
印刷：北京中兴印刷有限公司
版次：2022 年 12 月第 1 版
印次：2022 年 12 月北京第 1 次印刷
发行：新华书店北京发行所
开本：700mm×1000mm　1/16
印张：13
字数：212 千字
定价：68.00 元

　　本书受到江西省人文社科重点研究基地江西农业大学"三农"问题研究中心与江西省首批重点高端智库江西农业大学乡村振兴战略研究院的联合资助，同时也是国家社科基金重点项目"农地确权模式选择及其劳动力转移就业效应研究"（17AJL013）的阶段性研究成果。

在新型城镇化背景下，农村青壮年劳动力持续向城镇与非农产业转移，农业劳动力减少，务农劳动力老龄化与弱质化趋势加强，农业生产人工成本上升，使"如何种地"成为困扰农业生产的突出问题，给中国农业现代化进程带来巨大挑战。同时，土地流转市场发育滞后，土地规模经营发展低于预期，小规模与细碎化经营格局仍未发生根本变化，使发展农业服务规模经营对于转变农业生产方式与加快实现中国农业现代化的重要意义凸显，对于保障国家粮食安全与实现乡村振兴具有重要作用。农业生产环节外包服务发展，不仅有助于促进先进农业生产技术与装备的应用，提高劳动生产效率，缓解农业经营主体所面临的劳动力短缺问题，还可拓宽农业服务供给主体家庭收入渠道，提高自有农机的使用率。因此，要大力发展农业生产环节外包服务，完善农业社会化服务体系。

从 2013 年开始，农地确权在全国范围内逐步全面推进。本研究基于入户调查数据的描述分析发现：一是农户家庭承包地经过确权后，其将水稻劳动密集型生产环节外包的比例反而显著降低；二是在人力成本不断攀升促使机械逐渐替代人工的趋势下，仍有部分农户在水稻劳动密集型生产环节外包中选择雇请人工的作业方式；三是已拥有农机的农户参与农机服务供给虽然有助于增加家庭收入，但其参与农机服务供给的比例并不高。对于这些问题，既有相关研究未给予应有的关注，从现有文献中也难以找到令人满意的答案。基于此，本研究在理论分析的基础上，利用课题组 2016 年对粤赣两省 1 998 户水稻种植户的调查数据，围绕农地确权对水稻劳动密集型生产环节外包的影响、农地确权背景下水稻劳动密集型生产环节外包方式选择、农地确权对农机户参与农机服务供给的影响等三方面进行实证分析，结果显示：

第一，农地确权通过农机投资显著负向影响农户在水稻劳动密集型生产环节的外包行为。农地确权对劳动密集型生产环节外包行为并没有显著的直接作用，而是通过激励转入方投资农机，进而替代或降低其对生产环节外包服务的需求。转入方投资农业机械的关键在于所转入的地块经营权预期是否稳定，经营权预期越稳定，其投资农机的概率越大，否则将因为农机较高的资产专用性与沉没成本而放弃投资农机，转而引入农业社会化服务。转入地块经确权后，转入方经营权预期更稳定，其对农机投资的激励更强。与已有研究忽略不同生产环节特性差异不同的是，本研究结合不同生产环节特性差异，对经营规模与劳动密集型生产环节外包行为的关系给出了更合理的解释。从农机投资来看，经营规模对整地机械投资有显著的促进作用，而对收割机械投资具有显著的"U"形影响。从环节外包来看，经营规模对整地环节外包行为有显著的"U"形影响，而对收割环节外包行为呈显著"倒U"形关系。表明经营规模较大且越过一定临界点时，稻农将整地环节外包的可能性上升，而将收割环节外包的可能性下降，显示经营规模较大的稻农在劳动密集型生产环节存在农机投资与生产环节外包替代与互补效应并存。此外，家庭收入显著正向影响整地与收割环节外包行为，家庭务农人数与收割机服务价格显著负向影响收割环节外包行为，雇工成本对整地环节外包行为具有显著正向影响，土地细碎化程度对整地与收割环节外包行为均有显著的负向影响。

第二，经营规模与地形条件对水稻劳动密集型生产环节外包方式选择有显著正向影响。水田面积越大、所处地形为山地与丘陵，稻农在劳动密集型环节外包中选择雇请人工的可能性越大，且水田面积与地形对水稻劳动密集型生产环节外包的交互影响显著为正。在农机服务供给方还未开始提供农机服务之前，部分经营规模较大，且较早开始农业生产的稻农将通过雇请人工的方式来推进家庭农业生产进程；尤其是在收割环节，水稻成熟后收割时机越早，越可能规避自然风险造成的损失，因而经营规模较大的稻农对收割环节的雇工服务需求比整地环节更迫切。相对于平原地形，山地与丘陵地区农业机械使用受到限制，导致农机使用成本增加，使稻农选择雇用人工的概率提高。研究将农地确权变量纳入模型后发现，农地确权对收割环节外包方式选择有显著正向影响。农地确权降低了农业社会化服务供需双方关于地块的信息不对称性程度，提高了人工作业成果测量的准确性，有利于抑制人工服务供给主体偷懒倾向，缓解雇工监督难题，促使稻农在收割环节选择雇请人工的可能性提高。水田细碎化对稻农在整地与收割环节选择雇请人工模式有显著正向影响，收割机械费用对收割环节外包方式选择有显著正向影响，收割机械服务使用费用越高，稻农选择雇请人工的可能性越大。

　　第三，农地确权对农机户参与农机服务供给有正向影响，但未通过显著性检验，且结果稳健。究其原因，在农村熟人社会背景下，农机服务供需双方是重复博弈关系，抑制农机服务需求方的机会主义行为，使双方关于地块信息的不对称性降低，因而未对农机户参与农机服务供给产生显著影响。从经营规模视角来看，水田面积对农机户参与整地与收割环节机械服务供给存在显著"倒 U"形关系。在经营规模不匹配农机作业能力的条件下，经营规模增加，农机户参与农机服务供给的可能性提高。而当经营规模越过临界点后，规模越大，农机主要用于满足家庭农业生产，为其他农户提供农机服务的时间下降，导致农机户参与农机服务供给的概率降低。此外，家庭务农劳动力人数与机械服务价格对农机户参与收割环节外包服务供给有显著正向影响，而务农劳动力兼业比例对农机户参与整地与收割环节农机服务供给均有显著的正向影响。村庄土地细碎化程度对农机户参与整地与收割环节农机服务供给均有显著的负向影响。相对于村庄所处地形为山地的农户，平原地区的农户更愿意参与劳动密集型环节的农机服务供给。

　　由此，基于提高农业社会化服务发展水平视角，应运用好农地确权成果，强化农地转入方经营权稳定性预期，激励其对农机进行投资；支持农机户积极参与农机服务供给，提高农机社会化服务可获得性；充分发挥市场配置资源的决定性作用，促进农业社会化服务市场有序竞争，防止农业社会化服务价格在农业社会化服务可获得性较低的地区不合理上涨；加大农业基础设施投入，缓解农地细碎化问题，促进农业社会化服务发展。

CONTENTS 目　录

前言

1 绪　　论

　　农村劳动力向城镇与非农部门转移，虽为农业适度规模经营准备了条件，但也诱发农业劳动力老龄化与弱质化问题，对农业生产带来挑战，需要农业社会化服务提供支撑，缓解"如何种地"与"谁来种地"的难题，增强农业生产综合能力与保障粮食安全。为此，本章首先介绍研究背景，继而从理论与现实出发，提出本书的研究问题；阐述本书的研究目的与意义、研究方法与内容，并对核心概念加以界定；最后，说明本书的创新之处及其研究不足。

1.1　研究背景与问题提出

1.1.1　研究背景

　　农业生产环节外包是指农户将农业生产环节外包给社会化服务供给主体，标志着农业分工的发展与农业生产专业化水平的提升，是农业生产经营方式转型的重要内容，对于提高农业生产效率与实现农业现代化具有重要的作用（胡新艳等，2016）。在城镇化背景下，中国农村劳动力进一步向城镇与非农产业转移，为农村土地适度规模经营提供了条件。2016 年中国第一产业就业人数为 2.15 亿人，比上年减少 423 万，下降幅度为 1.93%；同时第一产业就业人数占全国总就业人数的比重也比上年下降了 0.60%，为 27.70%[①]。《2017 年农民工监测调查报告》显示，外出农民工接近 1.72 亿，

---

① 数据来源：《中国统计年鉴 2017》，国家统计局网站，http://www.stats.gov.cn/tjsj/ndsj/2016/indexch.htm。

比上年增加 251 万人，表明从事农业生产的劳动力规模持续减少。

伴随农业剩余劳动力大规模向城镇与非农领域转移，农村人地关系矛盾得到缓和，农业适度规模经营有所发展，但由于农地流转交易费用过高，造成农地流转市场发展低于预期，使农地流转滞后于农村劳动力转移（钟文晶等，2014），小规模与细碎化的农业生产格局仍未改变，小农经营在农业生产中依然占据主导地位（Luo，2018）。截至 2016 年底，中国 2.6 亿农户的经营规模在 50 亩*以下，其中绝大部分农户家庭经营规模在 5 亩左右，小规模与细碎化的农业经营状况未得到根本改观（屈冬玉，2017）。2012 年在四川的入户调查数据也表明，从事农业生产的被调查样本家庭户均种植面积仅为 4.7 亩（董欢，2014）。对此，有学者指出，当前农村农地流转市场发展缓慢的原因在于农地产权模糊与农地频繁调整所导致的土地产权不稳定，而通过明晰农地产权权利，提高农地产权强度，增强农地产权稳定性，能够有效降低农地流转过程中的不确定性，使农户家庭承包地权利保障程度提高，促进农地流转（叶剑平等，2010；付江涛等，2016；程令国等，2016）。早在 2008 年的中央 1 号文件就提出要建立农村土地承包经营权确权、登记与颁证制度；随后，2009 年中央 1 号文件强调要开展土地承包经营权试点工作。在此基础上，2013 年中央 1 号文件要求全面开展农村土地确权登记颁证工作。截至 2017 年 11 月底，全国整省推进农地确权工作的省份已达 28 个，已确权颁证面积达 11.1 亿亩，占二轮承包耕地总账面面积的 82%[①]。

与此同时，农村劳动力转移所引发的农业规模经营发展与农业劳动力短缺的局面离不开农业社会化服务的支撑，需要建立健全农业社会化服务体系，推动农业规模经营迈向更高水平。一方面，农村劳动力转移促进农地流转与集中，推动土地规模经营水平提升（黄枫、孙世龙，2015；何欣等，2016）；另一方面，农村劳动力转移造成农村劳动力结构发生重大变化，老龄与妇女劳动力占比上升，且逐渐成为主要农业劳动力。农业劳动力呈现老龄化与弱质化趋势，给保障中国粮食安全目标带来严峻挑战。2017 年中国农民工监测报告显示，中国外出农民工近 1.7 亿人，比 2011 年增加了 1 071

---

    * 1 亩＝1/15 公顷。

    ① 数据来源：农业部就农村承包地确权登记颁证试点有关情况举行发布会，中国网，http：//www. china. com. cn/zhibo/2017 – 11/27/content _ 41948808. htm，2017 年 11 月 27 日。

万人，增幅 6.75%。就个案而言，2012 年对四川三县 18 村的调查表明，56.5%的农业决策者年龄在 60 岁以上，而且农业劳动力平均年龄达 54.2 岁，表明务农劳动力老龄化现象严重（董欢等，2014）。不仅如此，农村劳动力非农转移还导致务农劳动力减少，农业生产在农业用工高峰时期受到务农劳动力短缺约束，农业雇工成本上升，使农业生产雇工难度增加，促使农业用工成本上升较快，农业生产成本面临上涨压力（陈锡文，2015）。中国三种粮食平均每亩人工成本由 2011 年的 283.05 元上涨到 2016 年的 441.78 元，涨幅为 56%，而同期劳动力日工价涨幅为 104%[①]。

为缓解农忙季节农业劳动力不足约束，应对农业生产成本上涨压力，促进农业规模经营发展，需要大力发展农业社会化服务。可以说，农业社会化服务是当前中国农业生产经营以"小农户"为主体的格局下，促进自我服务能力弱的"小农户"与现代农业有机衔接的重要手段（孔祥智，2017），也是推动中国农业经营方式转型，破解"老人农业"趋势下经营困境的重要途径。农户自身也倾向于加大农业机械要素投入，采用机械替代人工来提高家庭农业生产效率。从农作物类型角度看，粮食作物机械化水平高，更易于采用机械替代人工的策略（仇童伟，2018）。

但是，农业经营主体农业机械使用面临引入机械服务还是家庭投资的选择。农业生产中占主体地位的小农户家庭经营规模普遍狭小，难以与农业机械作业能力所要求的规模相匹配，使小农户投资农业生产机械的积极性不足，转而对农业社会化服务产生较高的需求。为提高我国农业生产效率，增强农业竞争力，国家大力倡导并支持农业社会化服务的发展。2007 年中央 1 号文件就已经提出要积极培育和发展农机大户和农机专业服务组织，推进农机服务市场化、产业化，为农民提供产前、产中、产后等环节的服务。2017 年农业农村部、国家发展改革委、财政部联合发布了《关于加快发展农业生产性服务业的指导意见》，要求加快发展农业生产性服务业，为农业经营主体提供产前、产中与产后等各类型的社会化服务。不仅如此，党的十九大报告对"小农户"给予了极高的重视，强调要在发展土地规模经营的同时建立健全农业社会化服务体系，使"小农户"与现代农业发展相衔接。也就是

---

① 数据来源：《全国农产品成本收益资料汇编 2017》。

说，农业规模经营不能仅靠土地流转集中来实现，还应重视服务规模经营的作用，需要通过土地规模经营与服务规模经营的"双轮驱动"来实现。在政策的大力支持与引导下，我国农业社会化服务市场发展迅速，已初步建立起主体多元、层次多样、内容丰富的社会化服务体系。

一方面，从微观层面来考察，在水稻生产过程中，80％以上的农户将至少一个环节外包，外包的环节主要集中在劳动力密集型环节，其中收割环节的外包比例最高，为71.3％（王志刚等，2011）；在农业社会化服务供给方面，调查发现，72％的拥有烘干设备的家庭农场向其他农户提供了粮食烘干服务（杜志雄，2017）。

另一方面，从宏观统计数据看，我国农业机械总动力由2011年的97 734.7万千瓦增加到2015年的111 728.1万千瓦，年均增长2.86％[①]，联合收割机数量由2006年末的55万台增加到2016年的114万台，年均增长10.73％[②]；其中，很大一部分微观农户也对农业生产机械进行了投资。基于2015—2016年对江西与湖南两省水稻种植大户的调查发现，被调查农户平均在1.57个生产环节投资了农机（柳凌韵，2017）；在我国农机跨区作业市场已形成的环境下，农业机械动力增加提高了小农户对农机社会化服务的可获得性，促进了农业生产效率提升。

由于南方水稻生产比较收益低于经济作物，部分稻农选择减少或者放弃水稻种植，增加市场价值更高的经济作物的种植面积，导致南方传统水稻生产区水稻播种面积缩减（钟甫宁等，2007；杨万江等，2011）。从统计数据看，中国水稻播种面积占三大谷物总播种面积的比例由2000年的35.14％下降到2016年的31.97％，其产量占谷物总产量的比重由2000年的46.37％，下降到2016年的36.63％，占比下降近10个百分点[③]。在劳动力外出背景下，务农劳动力老龄化对家庭农业生产产生负向作用，抑制农地利

---

① 数据来源：《中国统计年鉴2015》，国家统计局网站，http：//www.stats.gov.cn/tjsj/ndsj/2015/indexch.htm。

② 数据来源：《第三次全国农业普查主要数据公报（第二号）》，国家统计局网站，http：//www.stats.gov.cn/tjsj/tjgb/nypcgb/qgnypcgb/201712/t20171215_1563539.html，2017年12月15日。

③ 数据来源：《中国统计年鉴2017》，国家统计局网站，http：//www.stats.gov.cn/tjsj/ndsj/2017/indexch.htm。

用效率提升（何凌霄等，2016；乔志霞等，2017）。但农户通过引进农业生产社会化服务，将水稻生产环节外包，缓解家庭农业生产受到务农劳动力流失的约束，能够有效提高水稻生产技术效率，总体上保持水稻生产效率的稳定（周宏等，2014；孙顶强等，2016）。因而，大力发展水稻生产性社会化服务，对于化解务农劳动力老龄化与弱质化冲击、提高水稻生产效率、降低水稻生产成本、稳定水稻播种面积、保障国家粮食安全具有重要的战略意义。

当前中国"三农"问题突出，农业经济发展滞后、农民增收困难，其根源在于农业分工与专业化水平低下。"斯密定理"表明分工与专业化的发展是经济增长的源泉，"斯密猜想"进一步指出："农业生产力的增进，总跟不上制造业劳动生产力增进的主要原因，也许就是农业不能采用完全的分工制度（Adam Smith，1776）"。换言之，农业发展落后的根源在于农业分工的有限性（罗必良，2008）。而农业生产环节外包是促进农业分工深化的有效路径之一，能够提高农业生产效率与市场竞争力，有效帮助小农户与现代农业要素对接，对于实现农业现代化与乡村振兴具有重要作用。而农业生产外包需求市场规模是诱致农业社会化服务供给主体生成的关键（罗必良，2017）。因此，在农地确权背景下，需要深入探讨其对水稻生产社会化服务发展的影响，为更好地推进水稻生产性服务规模经营和农业分工与专业化水平的发展提供理论支撑。

1.1.2　问题提出

农产品市场特性与自然特性决定了农业分工的有限性，阻碍农业分工演进，抑制农业生产效率提升与农业现代化水平提高。因此，推进农业分工深化是发展现代农业的根本所在。其中，农业生产环节外包是促进农业分工深化的重要路径，也是农业服务规模经营的主要形式。当前中国农户家庭经营规模仍以小规模为主，面临农业劳动力老龄化与弱质化趋势，阻碍了先进农业技术应用与农业生产效率提升，使农业生产面临"如何种地"问题。建立健全农业社会化服务体系，不仅能为农业适度规模经营提供强有力的支撑，还能促进小农户与现代农业发展有机衔接，实现对传统农业的改造。

农业生产性服务市场规模是诱导具有比较优势的农业服务供给主体进入农业社会化服务市场的关键因素，农业生产性服务供给主体生成的前提是存在容量足够大的农业生产性服务需求（罗必良，2017）。然而，农业社会化服务的发展既离不开农户对农业社会化服务的需求，也不可缺少社会化服务供给主体的积极参与。因此，要想推进农业现代化发展，提高农业分工与专业化程度，既要引导缺乏自我服务能力的农户将生产环节外包，扩大农业生产环节外包市场规模，也要鼓励具备农业社会化服务供给能力的主体积极参与农业服务供给，提高农业社会化服务的可获得性。

有学者认为，农地确权能够提高稻农将水稻整地与收割环节外包的概率，进而促进农业社会化服务发展（陈昭玖等，2016）。然而，本课题组基于 2016 年对粤赣两省的问卷调查数据显示，与农地未确权的农户相比，已确权的农户将水稻劳动密集型生产环节外包的比例反而降低。表1-1可见，在水稻整地环节，55.98％的农地未确权的农户将该生产环节外包出去，而农地已确权的农户中只有42.15％的家庭将该环节外包给整地社会化服务供给方，比农地未确权的农户低13.83％。在收割环节，80.30％的农地没有确权的农户将该环节外包出去，而农地已确权的农户中，71.55％的稻农家庭在该环节引入社会化服务，比承包地没有确权的农户低8.75％。进一步对样本群体差异进行t检验，结果显示，确权样本与非确权样本均值差异通过显著性检验，表明农地确权样本与未确权样本在水稻劳动密集型生产环节外包行为上确实存在显著的差异。因此，首先一个合理的发问是，农地确权对稻农劳动密集型生产环节外包行为是否具有显著影响？如果有显著影响，其具体作用机制又是怎样的？

表 1-1　农地确权与水稻生产环节外包的交叉分析

农地确权	整地环节未外包		整地环节外包	
	频数	占比（％）	频数	占比（％）
未确权	298	44.02	379	55.98***
已确权	763	57.85	556	42.15

农地确权	收割环节未外包		收割环节外包	
	频数	占比（％）	频数	占比（％）
未确权	133	19.70	542	80.30***
已确权	375	28.45	943	71.55

数据来源：课题组于2016年对粤赣两省水稻种植户的调查。＊、＊＊、＊＊＊分别表示双总体t检验结果在10％、5％、1％的统计水平显著。

其次，由表 1-2 可见，已将整地环节外包的农户中有 13.69% 的农户采取了雇请人工方式，而收割环节雇请人工的比例更高，为 23.43%。一般而言，使用农业机械不仅有助于降低农业生产成本、提高农业生产效率，使农户家庭将更多的时间配置于非农领域，以增加家庭收入，还能够有效减轻农业生产劳动强度，改善务农劳动力身体健康状况。因而相比较雇请人工，农户应该更倾向于雇用农机社会化服务。但事实上却存在部分农户在劳动密集型环节采用雇请人工的外包方式，而这种现象尚未得到学界的足够关注，其作用机理也有待揭示，需深入挖掘。因此，第二个问题是，对于已将水稻劳动密集型生产环节外包给农业社会化服务主体的农户而言，在水稻整地与收割环节普遍使用机械作业的情况下，为何会有部分农户选择雇请人工来完成农业生产？

表 1-2　稻农在劳动密集型环节雇请人工现状描述

是否雇请人工	整地环节		收割环节	
	频数	百分比（%）	频数	百分比（%）
否	807	86.31	1 137	76.57
是	128	13.69	348	23.43

数据来源：课题组于 2016 年对粤赣两省水稻种植户的调查。

最后，农业社会化服务体系建立与发展的必要条件是社会化服务供给主体的生成。因而鼓励与支持具备提供农业社会化服务能力的农户参与农业社会化服务供给非常有必要。事实上，部分农户已投资了农业生产机械，具备向其他农户提供农业机械服务的能力。由表 1-3 可见，被调查稻农投资整地机械的比例为 28.12%，而稻农投资水稻收割机械的比例略低，为 20.19%，这可能与收割机械需要更大规模的投资有关。已有学者关注到农户在农业生产中角色转换的现象，农户已从单纯的生产者转变为兼具生产者与服务者的角色（王全忠等，2017），但并没有对制约农户参与农业社会化服务供给行为的因素展开探讨与研究。因此，在农地确权背景下，基于农业社会化服务市场发展的考虑，拥有水稻劳动密集型环节机械的农户是否会参与农机社会化服务供给？哪些因素对农机户参与水稻劳动密集型环节社会化服务供给行为构成阻碍？这都是推进农业社会化服务进程中亟待解决的问题。

表 1－3　稻农在劳动密集型环节农业机械投资状况

是否投资农机	整地环节		收割环节	
	频数	百分比（%）	频数	百分比（%）
否	1 436	71.88	1 595	79.81
是	562	28.12	403	20.19

数据来源：课题组于 2016 年对粤赣两省水稻种植户的调查。

综上所述，本书将围绕以下三个问题展开研究，并回答以下问题：

（1）需求视角下，农地确权对稻农在劳动密集型生产环节外包行为的影响。

（2）农地确权背景下，水稻种植户劳动密集型环节外包方式选择的影响因素。

（3）供给视角下，农地确权对拥有农业机械的水稻种植户参与劳动密集型环节社会化服务供给行为的影响。

1.2　研究目的与意义

1.2.1　研究目的

本研究以课题组于 2016 年对粤赣两省 1 998 份水稻种植户的调查数据为基础，以转入土地扩大水稻生产规模的农户为研究对象，基于农户行为理论，实证分析农地确权所引致的约束条件变化对农户生产环节外包行为及其农机社会化服务供给参与行为的影响，剖析制约稻农在劳动密集型生产环节外包行为决策与农机户参与农机服务供给的影响因素，把握农地确权对生产环节外包与供给的作用机制，并在此基础上提出促进中国农业社会化服务发展的对策建议，为政府部门制定与完善相关农业社会化服务政策提供科学的决策依据。具体为：

第一，明确农地确权对水稻劳动密集型生产环节外包行为的影响及其作用机制。农地确权通过承包经营权证书发放，使地块边界清晰，产权模糊度下降，农地产权稳定性提高，可能对与农地相关的决策行为产生影响。已有对于农地确权的研究多集中于农地流转效应与投资效应上，而对其服务外包效应缺乏关注。因此，本书致力于探索农地确权的服务外包效应，以农机投资为中介建立中介效应模型，明晰农地确权影响生产环节外包的传导机制，掌握农地确权背景下水稻生产环节外包行为受阻的因素，为进一步推进农业社会化服务发展提供针对性的对策建议。

第二，明确农地确权背景下稻农在水稻劳动密集型生产环节外包方式选择的影响因素。既有研究聚焦于稻农是否将生产环节外包给社会化服务供给方，而忽略了不同农户在外包方式选择方面存在差异的事实，一部分农户选择雇用机械，另一部分农户却选择雇用人工。因此，本书将分析制约稻农选择作业效率更高、作业成本更低的农机社会化服务的因素，为提升水稻生产机械化水平提供决策依据。

第三，明晰在农地确权背景下，制约农机户参与水稻劳动密集型环节农机社会化服务供给的因素。既有文献已关注到普通农户参与农业社会化服务供给的事实，但仅限于对现状的描述，而没有实证分析农户参与提供农业社会化服务的因素。现代农业的发展需要有更多的社会化服务主体参与到社会化服务供给当中来，以提高农业社会化服务可获得性，提升农业生产效率。因此，本书基于农地确权视角，实证分析农机户参与农机社会化服务供给行为的影响因素，为激励农机户参与农机社会化服务供给提供政策建议。

1.2.2　研究意义

（1）理论意义。丰富农地产权理论，深化农地确权政策效应研究。农地确权作为一项重要的制度安排，在不改变家庭承包经营主体地位的基础上，通过发放土地承包经营权证书来界定与确认农户家庭的土地承包经营权利，避免了土地频繁调整的可能，提高了农民土地使用权的稳定性，同时产权能更加完善。在农地制度变迁与土地产权强度提升的背景下，研究农地确权对农户生产与投资行为的影响对政策的完善具有重要作用。当前对确权效应的研究主要集中于确权对土地流转与农地长期投资方面，而关于确权与农业生产环节外包关系的讨论非常缺乏。因此，本研究关注确权对农业生产环节外包的影响，不仅有助于丰富现有有关农地确权政策效应研究的文献，还有助于深化农地确权政策效应研究，为政策的调整与完善提供理论指导。

（2）现实意义。推进农业生产方式转型，为现代农业发展提供新思路。当前我国农业发展面临较强的资源与环境约束，必须要转变粗放型发展方式，走集约型发展道路，才能增强农业竞争力与增加农民收入。同时，农业比较收益低下，务农机会成本较高，农村劳动力持续大规模向城镇与非农产业转移，农业劳动力老龄化与弱质化趋势加强，农业生产面临"如何种地"的难题。而农业生产环节外包是转变农业生产方式的重要路径，大力发展农业社会化服务有助于增强对农业的支持，促进先进农业科技与农业装备技术的应用，解决"如何种地"的问题，实现农业经营效率提升与可持续发展（Xu P，Kong X，Zhong Z，et al.，2011）。

研究农地确权与农业生产环节外包的关系，以及分析农机户参与农机服务供给行为，一是有助于政府部门制定相关政策，破除阻碍农户将生产环节外包的因素，引导更多的农户将生产环节积极外包给具有比较优势的农业社会化服务供给主体，扩大农业生产性服务市场容量，进一步诱导农业社会化服务供给主体生成；二是通过实证分析农地确权背景下农户选择雇请人工外包方式的原因，通过政策引导，促进农业机械化水平提升；三是明晰农地确权对农机户参与农机社会化服务供给的影响，有助于决策部门制定相关政策，吸引更多农机户积极参与农机社会化服务供给，提高农机社会化服务可获得性，最终推动农业生产经营方式转型。如此，才能不断完善农业社会化服务体系，推进农业现代化建设，助力乡村振兴。

1.3 研究方法与内容

1.3.1 技术路线

基于研究问题和研究目标，本书技术路线如图 1-1 所示。

1.3.2 研究方法

本书主要采取理论分析与实证研究相结合，定性分析与定量分析相结合的研究方法，考察确权与农业生产环节外包的关系。重点采取以下办法：

（1）文献归纳法。文献研究方法是研究者必须要掌握的基本方法，通过利用现有的中外文献数据库与中英文期刊，收集相关的文献，并仔细研读，

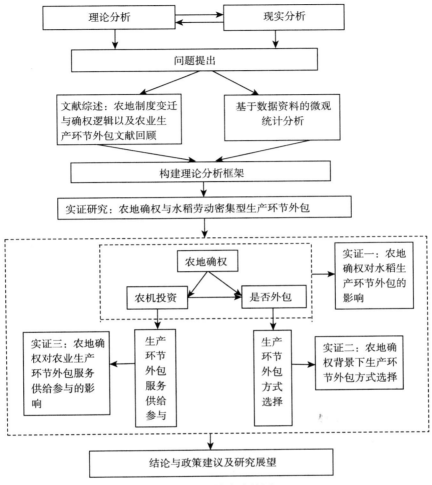

图 1-1　技术路线图

对国内外已有研究进行归纳总结，掌握现有研究方法与研究成果以及存在的不足，为后续研究的深入推进提供思路与基础。本书通过对文献的收集、整理与分析发现，现有文献主要从交易费用、需求价格理论视角分析影响农户是否将农业生产环节外包的因素，并对生产环节外包对农业生产效率的影响进行研究。对于确权的研究主要集中在确权的逻辑及其对农地流转与投资的影响方面，而对农地确权与生产环节外包行为的关系、外包方式选择的差异，以及农机户参与农机服务供给行为的研究鲜有涉及，而本书将在吸收与借鉴既有研究成果的基础上重点关注以上三方面，拓展农业社会化服务领域的研究。

（2）实地调研法。实地调研是获取数据的主要途径，是指根据具体研究问题设计问卷，并按照一定的抽样原则进行抽样调查，获取有代表性的研究样本。课题组于2014年根据地区经济发展水平对我国东中西部各抽取3个省份作为问卷调查区域，共获得9省2 704份样本农户数据。主要调查了农户家庭资源禀赋、劳动力配置、农地流转、农业生产结构、农业生产环节外包、农户借贷等方面的信息。2016年课题组对江西与广东两省进行补充调研，获得3 082份样本农户数据。为保证问卷质量，获取有效的调查数据，在实地调查开始前，课题组组织相关专家对问卷进行了反复修改，并对参与入户调查的调研员进行培训，使其理解题项的具体含义，并掌握问卷的逻辑结构，提高数据获取效率与真实性。

（3）计量分析法。首先，基于问卷调查数据，借助Stata、SPSS等统计分析工具，对全体样本特征进行概述，并根据不同指标进行分类描述，掌握农业生产环节外包服务的总体发展现状以及区域间的差异。其次，通过横向或者纵向对比分析，对不同类型研究对象进行具体研究，揭示其差异性特征，明确导致差异存在的因素，为解决实践中的问题提供参考。一是本书将对总体样本进行描述分析，对比确权样本与非确权样本在农业生产环节外包上的差异；二是从经营规模角度进行考察，分析确权样本与非确权样本在农业生产环节外包及其农机社会化服务供给参与方面是否存在差异。最后，为验证研究假说是否成立，本书将根据变量类型与结构而采用相应的计量模型进行实证分析。主要包括倾向得分匹配（PSM）、二元Probit模型、二元Logit模型。由于中国农地确权在2015年仍处于试点阶段，农村转移劳动力占比较高与农地流转市场发育相对较好的地区更容易被选为农地确权试点区域，导致研究样本选择不能保证随机性，存在一定的"自选择"问题（程令国，2016）。因而本书采用PSM方法对可能存在的样本选择偏差问题进行处理，检验了农地确权对农机户参与农机服务供给的影响，确保计量结果的一致性与无偏性。鉴于本书所选取的因变量：农户是否将劳动密集型生产环节外包、外包方式选择以及是否参与农机服务供给均为虚拟变量，故采用二值选择模型检验了农地确权对农户外包行为与农户参与农机服务供给的影响，以及外包方式选择的影响因素，并估计了解释变量对被解释变量影响的边际效应。

1.3.3　研究内容

基于研究问题与研究目标，本书结构安排如下：

第一章绪论。主要介绍本书的研究背景、问题提出、研究目的、研究意义与技术路线，阐述本书所使用的研究方法，并对所涉及的核心概念进行界定。本部分重点是从理论与实际出发，结合课题组问卷调查数据，提出严谨的科学问题。

第二章文献综述。重点梳理与农地确权、水稻生产环节外包和农业社会化服务已有的相关研究，并对文献进行评述，指出既有研究在本研究所关注问题方面存在的不足，同时现有研究也为本研究的推进奠定了良好基础。

第三章理论分析框架。通过建立"农地确权-农机投资-生产环节外包"的分析框架，本研究从理论上阐释了农地确权与生产环节外包及农机社会化服务供给参与的关系。

第四章数据来源与样本描述。重点详细介绍获取本研究数据所采用的抽样调查方法，并从宏观区域层面与微观个体农户层面分析农业生产特征，总体上介绍被调查农户家庭农业生产状况特征，进一步从家庭水田经营规模与农机使用、农机投资、生产环节外包行为、外包方式及农机服务供给参与的交叉分析来描述其农业生产特征，为后文开展实证分析奠定基础。

第五章农地确权对水稻劳动密集型生产环节外包的影响。本章在提出研究假说的基础上，重点以转入土地扩大水稻经营规模的农户为研究对象，基于农机投资视角探索农地确权对水稻劳动密集型生产环节外包行为影响的传导机制，实证分析农地确权对水稻劳动密集型生产环节外包的作用机理，并检验农地确权对生产环节外包影响的研究假说。

第六章农地确权背景下农业生产环节外包方式选择的影响。本章基于农地确权背景，以将劳动密集型生产环节外包的农户作为研究对象，主要从农户家庭经营规模与村庄地形角度实证分析了土地资源禀赋对水稻劳动密集型生产环节外包方式选择的影响，并检验相关研究假说。

第七章农地确权对水稻劳动密集型生产环节外包服务供给的影响。针对在劳动密集型环节购置了农业机械的水稻种植户，构建二元 Probit 模型实证分析农地确权对农机户参与农机社会化服务供给的影响，并使用倾向得分匹配方法（PSM）对农地确权的影响进行稳健性检验，消除农地确权样本可能存在的自选择问题，从而检验相关研究假说。

第八章农业生产要素配置与农机社会化服务供给行为。利用全国层面水稻种植户数据，在提出研究假说的基础上，实证检验劳动力要素和土地要素配置对农机户参与整地和收割环节的农机社会化服务供给的影响，并进行稳健性检验以提高结果的可靠性，为如何有效地促进农业社会化服务发展提供了依据。

第九章农业劳动力老龄化、农地确权与农地转入。本章基于中国劳动力动态调查数据（CLDS），在理论分析的基础上，实证探索农村劳动力转移背景下引发的农业劳动力老龄化问题是否对农地转入产生不利影响，并考察农地确权变量在农业劳动力老龄化与农地转入之间是否存在调节效应，进而为应对农业劳动力老龄化对农业规模经营的不利影响提供依据。

第十章农地确权、细碎化与农村劳动力非农转移。本章基于江西农户调查数据，在理论分析的基础上，以农地细碎化为中介变量建立中介效应模型，实证分析了农地确权对农户家庭劳动力非农转移的影响，并采用倾向得分匹配法（PSM）进行稳健性检验，以考察农地确权的推进是否通过固化农地细碎化格局而促进农村劳动力非农转移。

第十一章主要研究结论与政策含义。本章节首先对前文理论分析与实证研究进行总结，归纳本书的主要研究结论，并据此提出促进农业社会化服务发展的对策建议。其次，简要概括本研究的不足，并展望未来可继续深入推进的研究领域。

1.4　核心概念界定

为更好地理解本书将要进行的研究，在此对主要涉及的核心概念进行界定。本研究主要涉及的核心概念为农村承包地确权（简称农地确权）、农业生产环节、农业生产环节外包、农业生产环节外包方式、社会化服务供给参与。

1.4.1　农地确权

农地确权即农村承包地确权，是指对农村集体所有、由农户家庭承包经营的，且用于农业生产的土地进行确权、登记、颁证，即承包经营权确权颁证。农村土地由农业用地、宅基地与集体建设用地构成，2008 年中央 1 号文件要求建立土地承包经营权登记制度，2017 年中央 1 号文件强调要"全面加快农村宅基地和集体建设用地确权颁证工作"，将确权对象从农村承包地延伸到宅基地与集体建设用地。根据研究需要，本书农地确权特指农村土地承包经营权确权颁证。在确权的形式方面，存在"确权确地""确权确股不确地"两种主要形式，而我国当前土地确权工作普遍采取的是"确权确地"的方式。2014 年中央 1 号文件允许"确权确地"与"确权确股不确地"两种确权形式同时存在，但 2015 年中央 1 号文件要求各地区要从严掌握"确权确股不确地"的范围，主要采取"确权确地"的方式推进农地确权工作。鉴于此，本书主要以采取"确权确地"为确权形式的农户为研究样本。农户拿到土地承包经营权证书之后，表示农地确权工作结束。确权证书上清楚地记载了农户家庭所承包的地块数以及每块地的方位与面积，明晰了农户对承包地的财产权利，提高了土地产权安全感知程度，是落实"三权分置"的重要制度安排，有助于加快放活经营权，实现农村劳动力非农转移诱致土地承包权与经营权分离背景下农村土地资源优化配置与合理利用的目标。

1.4.2　农业生产环节

农业生产环节是指农作物从种到收所要经历的过程。本书以水稻种植户为研究对象，关注其水稻生产环节外包行为，将水稻生产环节主要分为整地、育秧、栽插、水肥管理、病虫害防治与收割等六个环节（陈江华等，2016），其中整地与收割环节由于要求投入劳动力较多，劳动强度较大，对农户身体机能要求高，体能消耗大，故将其归为劳动密集型环节；育秧、水肥管理与病虫害防治对作物的产量影响最大，故将其归为技术密集型环节；有学者指出，栽插环节不仅劳动强度大，还由于秧苗的行间距对水稻产量具有一定的影响，因而兼具劳动密集型环节与技术密集型环节的特征，故将其归为半劳动力半技术密集型环节（王志刚，2011）。虽然栽插机械早已出现，但由于适用性问题使其应用范围极为有限，没有被稻农普遍采用，导致栽插环节机械化服务可获得性差。有学者于 2013 年对江西水稻种植户的调查表明，调查样本中仅有 8.02％的稻农将栽插环节外包（申红芳等，2015）。本课题组对所获取的调查数据进行分析也显示，将栽插环节外包的稻农占比仅为 17.44％，由此可知，在抛秧技术的发展与普及下，大部分稻农家庭能够独立完成水稻栽插环节的农业生产活动，只有少部分稻农家庭需要借助社会化服务，其中仅有 16.33％的稻农在栽插环节采用机械社会化服务，而 83.67％的将栽插环节外包的稻农选择雇请人工的外包方式。鉴于此，本书仅选取整地与收割环节来研究稻农在水稻生产劳动密集型环节的生产外包行为与农机社会化服务供给行为。

1.4.3　农业生产环节外包

农业生产环节外包是指农业生产者将原本由家庭完成的生产环节以有偿方式交给农业生产服务的提供方完成，以缓解家庭农业劳动力不足的约束，加快家庭农业生产进度。具有农业生产比较优势的农户通过流转外出就业创业人员的土地扩大家庭经营规模以增加家庭收入，但可能受到家庭务农劳动力短缺的制约；通过引入农业社会化服务，将生产环节外包给服务经营主体，可有效解决家庭务农劳动力不足的困境，为农业适度规模经营提供支撑。同时，农村劳动力非农转移背景下务农机会成本上升，农业雇工成本较高，通过引入农业机械社会化服务实现对人工的替代，不仅有助于降低农业生产成本，还可提高农业生产效率。

1.4.4　农业生产环节外包方式

农户将生产环节外包时，面临雇请人工还是雇用机械的选择，因而本书界定的农业生产环节外包方式主要包括这两类。农业机械在一些山区受到地形与土地细碎化的限制而难以应用于农业生产，导致部分受到家庭劳动力不足约束的以及经营规模较大的农户采取雇请人工作业的外包方式。因此，本书所研究的农业生产外包方式选择是指农户将生产环节外包时是选择雇请人工还是雇用机械。

1.4.5　农业生产环节外包服务供给参与

农业生产环节外包服务供给参与是指具备农业社会化服务供给能力与意愿的个人或组织向其他农业经营主体提供农业生产环节外包服务，帮助其完成家庭农业生产活动以获取服务供给收益的过程。众多小农户将生产环节外包聚合成规模较大的农业社会化服务需求市场，所产生的规模经济效应吸引农业社会化服务经营主体不断生成（胡新艳等，2015）。本书以拥有水稻整地与收割两个劳动密集型环节生产机械的农户为研究对象，分析其参与水稻生产农机社会化服务供给的行为，探究影响其参与提供农机作业服务的因素。

1.5　创新与不足

1.5.1　创新之处

（1）基于农地确权视角分析农业生产环节外包具有一定的探索价值。一是农地确权登记颁证工作已在全国全面推开，当前对农地确权政策效应的研究主要集中在农地流转与农业投资方面，而本研究考察农地确权对农业生产环节外包的影响，拓宽了农地确权的研究领域，有助于更全面地分析与评价其政策效果。二是现有关于农业生产环节外包的文献也鲜有从农地制度角度去分析二者之间的联系，农地制度及其变迁对生产环节外包的影响被忽视。三是农地确权对农业生产环节外包可能是一把"双刃剑"。一方面，当农户转入经过确权的农地扩大生产规模时，农地确权增强了转出方缔结合约时的谈判能力，弱化了承租方对所转入地块使用权的稳定性预期，进而抑制承租方专用性资产投资，增加其对农业生产环节外包需求。另一方面，农地确权对于承租方而言，所转入地块的经营权预期可能因农地确权使农地调整失去合法性依据而更稳定，进而激励承租方对农机进行投资，使承租方对劳动密集型生产环节外包服务需求降低。因此，农地确权对劳动密集型生产环节外包行为的影响取决于这两方面的综合作用。本书通过实证分析发现，农地确权通过激励农机投资而对劳动密集型生产环节外包行为产生负向影响占主导。

（2）将农地制度变迁与分工深化引入农业生产规模经营与生产方式转型的讨论范畴具有新颖性。首先，制度限定人的行为选择的集合，制度的变化会导致人的行为发生改变，农地确权使农地产权强度提升，权能更完善，并增强了地权稳定性，使农户农地使用权预期稳定，其可能通过作用于农地流转与劳动力转移而对农业生产环节外包产生影响，进而推进农业生产方式转型，而现有研究将农地确权对生产环节外包的影响当作直接效应处理，并没有揭示农地确权的作用机理；其次，农业分工有限是造成农业生产发展缓慢的根源，农业生产环节的外包促进农业分工与专业化程度提升，有助于生产服务供给主体实现服务规模经营，并推动农业生产方式转型。

（3）拓宽农业社会化服务研究领域，丰富农业社会化服务的研究文献。本书不仅对农地确权与农业生产环节外包行为进行研究，还将农业生产环节外包方式选择与农业社会化服务供给参与纳入考察范畴，对此，既有农业社会化服务相关文献关注不多，但对于促进农业社会化服务供给与需求的发展又非常重要。因此，本研究不仅拓宽了农业社会化服务的研究视野，进一步丰富了农业社会化服务研究领域的文献，还具有重要的实践价值。

1.5.2 研究不足

由于自身研究能力与客观条件的限制，本研究存在以下不足：

首先，数据类型方面，本书所用数据为截面数据，囿于客观条件限制无法使用面板数据开展本项研究。本书涉及农地确权政策的效应评估，而政策效应评估除了采用科学的计量方法外，使用面板数据可有效降低可能存在的内生性问题，提高政策效应评估的准确性。本书所使用的这套问卷虽然有2015年与2016年的调查数据，其中2015年数据为9省调查数据，而2016年数据为粤赣两省入户调查数据，但这两年数据并不是追踪调查数据。

其次，在变量测度方面存在一些缺憾。一是在家庭劳动力测量方面，本书虽然将家庭劳动力区分为纯务农、兼业与纯非农，但没有进一步区分纯非农劳动力是否在农忙季节返乡支持家庭农业生产活动。纯非农劳动力在农忙季节返乡给家庭农业生产提供短暂支持，有助于缓解家庭农业生产所面临的劳动力短缺约束，对其生产环节外包行为产生一定影响。二是缺少整地机械作业服务价格。由于问卷题项中只有收割机作业服务价格，而没有涉及整地机械服务价格，因而在做生产环节外包行为与农机服务供给参与的实证分析时缺少整地机械服务价格这一变量。

最后，我们预先设想的部分研究无法得到现有数据有效支持。针对现有研究主要从农业生产环节外包数量角度来测量农户生产环节外包程度的现状，本书认为这种做法并不能准确测度农户生产环节外包程度，而应当采用某环节农地外包作业面积占总面积的比例，或者当家庭务农劳动力与农业生产服务提供方共同劳作时，服务供给方的具体作业面积难以准确测量，就需要采用生产环节外包费用与农业生产费用之比来测度生产环节外包程度。这样不仅能准确测量外包程度，还能分析不同农户间，甚至不同区域间农户在生产环节外包程度方面的差异，并对其背后的机理进行挖掘，为促进农业社会化服务发展提供有效对策建议。但本书所使用的问卷只调查了农户在各环节是否外包，以及在外包过程中选择雇用机械还是雇请人工，却没有调查农户在各环节将农业生产活动外包出去的程度，这既是本书的一个缺憾，也是未来需要深入推进的研究。

2　文献综述

既有研究农业生产环节外包的文献主要聚焦于水稻生产方面，对水稻生产社会化服务需求关注较多，但关于农业社会化服务供给的研究不足。本章通过梳理国内外相关文献，回顾了农地确权相关研究的进展、农业社会化服务供给与需求的现状以及影响其发展的因素，加以简要评述，为后文实证研究做好铺垫。

2.1　农地制度对农业社会化服务发展的影响研究

中国实行家庭联产承包责任制以来，农户获得生产的自主决策权与农产品的剩余索取权，其生产积极性得到激发，促进我国农业产出的增长与农业经济的发展（Lin，1992）。长期以来，农村集体土地平均分配给村集体合法成员，并随村集体成员数量增减而不断调整，使农业生产具有两方面显著特征，一是农业经营规模狭小、分散与细碎化，二是土地使用权不稳定。在家庭联产承包责任制下，我国农业生产呈现规模不经济、生产效率低下与生产成本较高的显著特点。

2.1.1　均田承包制对农业社会化服务发展的影响

我国人多地少的国情决定人地关系矛盾突出，在均田承包的制度下，户均不过 10 亩，生产规模小，导致农户家庭经营收入不高，不仅限制其购置农业生产机械、购买生产性服务与增加要素投入的支付能力，而且对其购置农业机械等生产专用性固定投资的意愿产生抑制作用。对于已投资农业机械的农户而言，由于家庭经营规模与农机作业能力不匹配，易造成固定资产投资闲置与收益回报低下的状况（刘承芳等，2002；刘荣茂，2006）。因此，在较小的生产规模下，小农户缺乏购置农业机械等对农业固定资产投资的能力与意愿。在此情形下，农户在生产过程中自我服务能力不足，转而对农业生产社会化服务需求增加。

农地细碎化作为土地平均分配制度的产物，对农业生产造成效率损失（卢华等，2015）。基于公平主义的土地家庭承包制根据地块肥力高低与远近平均分配造成农户家庭承包地分散与细碎化的经营格局，对农机服务的需求与供给形成约束，进而阻碍农机社会化服务的发展（展进涛，2016；张燕媛，2016）。有学者于2013年对全国7个水稻主产省份的水稻种植户的调查数据显示，户均土地破碎度为1.34，意味着平均1块稻田的面积在1亩以下，1亩稻田需要1块以上的地块构成（申红芳等，2015），表明土地细碎化程度较高。一方面，分散的农地使农户本应用于农业生产的时间浪费在不同地块之间转换上，抑制农业机械作业潜在优势的发挥与效率的提升，另一方面，农地较高的细碎化程度伴随着地块狭小，限制农业机械的应用。因此，相对于规模较大的地块或集中连片的土地而言，农地细碎与分散化地区的农业生产成本更高（卢华等，2015），进而对农业社会化服务供给与需求形成阻碍。

在工业化与城镇化的背景下，传统农户小规模经营获得的农业生产收益不仅难以满足家庭生存与发展的需求，而且农业生产面临较大的自然风险与市场风险，以及从事农业生产的机会成本不断升高，为了实现家庭收入的最大化，农村青壮年劳动力大量向城镇与非农部门转移。农业劳动力持续大量转移所带来的务农劳动力弱质化问题造成农业生产过程中劳动力要素投入不足，不仅对农业生产产生负面影响，还对保障农产品有效供给形成威胁。为提高农业生产效率，缓解家庭劳动力不足的状况，留守农户需要通过引入生产性社会化服务来完成农业生产活动（赵玉姝，2013）；因此，从这个角度而言，正是由于存在众多缺乏自我服务能力的"小农"将生产环节外包，聚合成匹配农业社会化服务组织所要求的农业社会化服务市场需求规模，农业社会化服务供给才能生成并快速发展（胡新艳等，2015）。事实证明，在我国农村劳动力持续向城镇与非农部门转移之后，我国粮食产量之所以能够在2004—2015年实现"十二连增"，这其中与农业机械社会化服务发展水平提升有重要关系（杨进，2015）。进一步的实证研究表明农机社会化服务经营主体通过提供跨区作业服务显著促进了农业增长（罗斯炫等，2018）。

农村劳动力外出只是通过开辟工资性收入渠道来增加家庭收入的途径之一，另一途径是具有比较经营优势的农户通过农地流转实现适度规模经营来增加家庭经营性收入，进而实现家庭收入的最大化。然而，农业适度规模经营离不开社会化服务的支撑（姜松，2016）。但在农地细碎与分散化的局面下，我国粮食生产具有规模报酬不变的特征（许庆，2011）。尽管如此，依然有学者主张通过土地流转实现规模经营，认为这是实现我国农业现代化的基础和前提（张曙光，2010），但事实上我国农地细碎与分散化的经营格局，以及其福利保障功能在一定程度上对农地流转形成抑制，农业适度规模经营并没有取得政策所预期的效果。因此，通过土地流转扩大经营规模以获取内部分工经济的空间有限（谢琳等，2016）。

2.1.2 农地调整对农业社会化服务发展影响研究

我国农地制度另一显著的特征是农村承包地频繁调整所引致的地权不稳定。叶剑平等（2010）基于全国17省1 656个村的1 773份调查数据发现，63.7%的村庄在二轮承包时调整了土地，34.6%的村庄在二轮承包期内对土地进行了调整。现有研究表明，地权稳定性不会对非附着于土地的长期投资产生影响，例如农业机械（许庆，2005；应瑞瑶等，2018），而只会对农家肥这类附着于农地的长期投资有显著的影响（姚洋，2000；许庆等，2005；黄季焜等，2012）。可见，农户是否决定购置农业生产机械与承包地调整并没有实质相关性。然而，土地调整诱发的土地细碎化效应可能阻碍生产环节外包服务的发展。在农地不断调整的背景下，中国农村户均土地经营规模不断下降，由2008年的7.4亩下降到2011年的5.58亩（何秀荣，2009；国务院发展研究中心农村部，2013）。土地调整造成土地细碎化程度提高与小规模经营格局加剧，进而对生产环节外包服务需求与供给产生抑制作用。

然而，上述分析是基于农户家庭承包地面积基础之上进行的，并未将地权稳定性对农业机械投资的影响置于农地流转的情境中进行考虑。事实上，具有农业经营比较优势的农户转入农地扩大家庭经营规模时，所转入土地的经营预期的稳定性对其投资资产专用性强的农业机械产生重要影响，进而作用于其生产环节外包决策。

2.2 关于农地确权效应的研究

农地确权作为一项自上而下实施的重大制度安排，必然对农户生产与投资行为产生影响，明确其作用机理与路径对于政策调整与制度完善具有重要的作用。现有文献主要基于产权经济学与行为经济学理论，从产权完整与稳定性角度分析了农地确权对农地投资与流转的关系，隐含了农地确权政策实施对生产环节外包服务需求存在的可能影响。

2.2.1 农地确权对农业投资的影响研究

农户从事农业经营过程中面临进行专用性投资还是购买外包服务的决策，而农地确权通过稳定农地使用权预期对其决策行为产生影响。集体土地所有制下农村土地被平均分配给合法的村集体成员，且土地随村庄人口不断调整，导致农民只拥有所分得土地的部分所有权，因而农民对土地的产权是残缺的。在这种残缺的土地产权背景下，农地的频繁调整造成地权不稳定，使农民对土地的长期使用权被剥夺，弱化农户对所耕种地块使用权稳定性的预期（Kung and Liu，1996；Krusekopf，2002），从而失去对土地进行长期投资的积极性（Wen，1995；姚洋，1998），进而对土地生产力与农地投资产生消极影响（冀县卿，2014；Brandt，2002；Zhang，2011）。

稳定而有保障的产权通过降低不确定性，使投资收益内部化，实现激励相容的目标，从而稳定投资预期与促进经济增长（Besley，1995）。农地使用权的确权使农户切实感受到承包地受到法律的保护，增强农户对土地使用权稳定性的信心（韩俊，2008；马贤磊，2009），不用担心经营收益被他人搭便车与侵犯，减少在农业生产方面的保护性投入，从而提高了农户的投资激励、促进长期投资的增加（Deininger K et al.，2008）。同时，有实证研究表明，土地承包经营权证书与土地承包合同的发放增强土地使用权稳定性预期，能够显著提高农户施用有机肥的概率（黄季焜，2012），激励农户自发的土壤保护型投资（马贤磊，2010；应瑞瑶等，2018）。有学者通过实证研究也发现，随着农户农地使用权预期不断提升，农户使用有机肥的概率提高了，有机肥使用量也在增大（郜亮亮，2013）。有关巴西与越南的研究同样表明有正式确权文件的农户对土地的投资明显高于没有确权文件的农户（Alston，1996；Saint-Macary，2010）。

在农村土地承包经营权被赋予抵押贷款权能的背景下，农地确权提高了农地使用权的稳定性与交易的安全性，降低了商业银行面临的不确定性风险，使商业银行在农地抵押贷款的风险控制中由依赖人际信任与社会资本转向制度信任（米运生等，2015），从而促进农村金融发展，缓解农户面临的预算约束，激励其加大对土地、资本、劳动力等要素的投入（Besley，1995；林文声等，2017；胡新艳等，2017）。

然而，许庆等（2005）指出，虽然农村土地可以调整，但调整间隔年限较长，自家庭联产承包责任制以来，农地平均调整次数为1.7次，平均调整年限为7～8年（Brandit et al.，2002），在这样一个较长的时期内，农民进行长期投资并不会因土地的调整而削弱，其实证研究表明，"减人减地"土地调整方式使与地块不相连的长期投资大幅下降，"减人减地"与"增人增地"的土地调整方式对农户以农家肥为特征的长期投资并没有显著的影响。可见，现有文献关于土地使用权稳定性与附着于农地长期投资的关系存在分歧。

在农机投资方面，既有主要文献认为土地产权稳定性并不会使农业机械的所有权发生转移，农业机械投资收益回收难易程度也不与土地产权稳定性相关，因而土地产权稳定性并不会影响农户家庭的农机投资行为（许庆等，2005；应瑞瑶等，2018）。

2.2.2 农地确权对规模经营的影响研究

较大的经营规模使农户家庭面临劳动供给约束对生产环节外包产生需求（蔡荣，2014）。在农村劳动力转移背景下，部分具有比较优势的农户通过土地流转来扩大家庭经营规模。而农地确权提升了农地产权强度，稳定了农户土地使用权预期，进而对规模经营决策产生影响，最终间接影响农户生产环节外包行为。然而，现有研究对农地确权与土地流转关系的认识存在较大的分歧。

首先，农地确权通过促进农地流转推动规模经营。产权理论指出，产权明晰是市场交易的前提,界定清晰的产权有助于减少不确定性,帮助行为主体在与他人交易中形成可以把握的合理预期,进而降低交易费用,促进交易的达成(Demsetz,1967)。因此,土地经营权流转高效顺畅的前提是土地的产权或使用权得以清晰界定并受到有效保护(程令国等,2016)。农村土地的增减调整造成土地产权边界不清晰与不稳定,使土地流转存在不可预见的风险,限制了土地流转的规模与范围,抑制了农地资源配置效率的提升(程令国等,2016)。土地确权使农户土地承包权与经营权明晰,赋予农户更加完善的产权保障(刘玥汐等,2016),同时,农户感知的农地产权安全性提高,使农户对农村土地产权稳定性信心增加,降低了农地交易费用,减少农户失去转出土地的风险,增强土地使用权预期,激励转出户转出土地(Deininger et al.,2003;Holden et al.,2007),进而推动土地经营权市场的发展与完善(张娟等,2005)。土地确权提升了农地的产权强度,农户的土地权益受到法律更加有力的保护,有助于避免农地流转过程中农民利益受到侵害的风险(周其仁,2013),促进农地流转规模的扩大与农地流转范围的拓展,使农地从生产率相对较低的农户流向生产率相对较高的农户,以提高农地资源利用效率(Jin and Deininger,2009;黄枫等,2015)。程令国等(2016)基于全国大样本跟踪调查数据,通过实证研究发现农地确权使农户参与农地流转的可能性显著上升4.9%,平均土地流转量上升约0.37亩。林文声(2016)的相关研究支持了这一结论,发现土地承包经营权颁证率对土地经营权流转具有显著促进作用。

新一轮农地确权登记颁证工作不仅明晰了土地产权,而且提高了土地产权的安全性,有助于农地流转双方签订正式合约,完善农村土地承包经营权纠纷解决机制,规范农地流转市场行为,进而促进农地流转的进行(马贤磊,2015;付江涛,2016)。叶剑平等(2010)基于全国范围内大样本数据的研究发现,土地确权使土地产权更清晰,既使农民对未来土地产权的预期更加有信心,又提升了土地价值,农户土地流转过程中签订合同的比例越来越高,农户流转土地的可能性提升。李金宁等(2017)基于浙江农户的调查数据,通过实证分析发现,农地确权确实会显著促进农户参与农地流转,其中这种促进作用主要由"确权不确地"的确权方式引发,但该文并没有区分转入与转出行为,而这两种行为的发生逻辑是存在差异的。然而,胡新艳等

（2016）基于广东和江西两省农户问卷调查数据，通过实证分析发现农地确权对农户转出农地的实际行为没有产生显著性影响，但会显著促进土地流转的意愿。

土地的流转与集中是实现土地规模经营的前提条件，而界定清晰、权能完整、产权稳定的承包经营权是形成与发展土地流转市场的必备条件（曾福生，2015）。土地确权使农地使用权更稳定，权能边界更清晰，农地产权安全性提高，降低了土地承包经营与流转过程中的不确定性，提高农地经营权稳定性预期，激励农户参与土地流转市场，进而促进土地流转集中（仇童伟等，2015；罗明忠等，2017）。农地确权的缺失或不到位增加了农地交易的成本，限制了土地流转的空间范围与时间期限，不利于规模化土地流转的进行，阻碍规模经营的实现（毛飞等，2012；刘长全等，2015）。

其次，农地确权通过抑制农地流转阻碍规模经营。与基于产权理论认为确权促进农地流转不同的是，分析框架建立在行为经济学理论基础上的研究认为确权抑制农地流转。相较于农村劳动力转移率，我国农地流转发生率滞后（胡新艳等，2017a）。正是由于土地的禀赋效应使农地流转市场具有特殊性，对土地流转产生抑制。农户经营的土地是农户凭借其合法的村集体成员身份获得的，具有强烈的身份性特征，属于人格化财产，其禀赋效应相对于为出售而持有的物品更高（罗必良，2014）。人格化财产的丧失难以通过等价的替代物来弥补。农户一旦获得土地，倾向于给其以更高的评价，在农地流转市场中就表现为转出价高于转入价，产生禀赋效应，导致农地流转的市场交易无法进行（胡新艳等，2017b）。钟文晶等（2013）的研究表明，农户普遍存在的禀赋效应是抑制农地流转的根源。农地确权在提升农户产权强度的同时，有可能因土地的人格化财产特征而强化"禀赋效应"，加剧对土地经营权流转的抑制（罗必良，2016）。因此，基于行为经济学范式来分析确权与农地流转的关系会得出农地确权抑制农地流转的结论。农地流转不畅，土地难以向具有经营意愿与经营能力的农户集中，土地适度规模经营就难以实现。

2.2.3 农地确权对劳动力转移的影响研究

农地确权可能通过影响农村劳动力转移，进而作用于家庭农业劳动要素投入，最终对农户生产环节外包行为产生影响。明晰地权有利于农村资源重新配置，安全的农地产权将激励农村劳动力非农转移，降低农业劳动力配置规模（Mullan et al.，2011）。农地确权后，农户不会因迁移而失去农地，可以增加农地的流动性，减少农地对劳动力的束缚，促进人口与劳动力资源的优化配置。越南 1993 年开始实施新的土地法，赋予农户家庭农地交换、转让、出租、继承等权利，评估该政策效应的研究指出，土地权利的增加与权能的完善不仅显著促进长期农作物的种植，而且使农户家庭非农就业活动增加（Do Q and Iyer L，2008）。Deininger K 等（2008）发现埃塞俄比亚农村土地使用权证书发放提高了农地产权安全性，显著促进农户将土地转出，使农村劳动力参与非农就业的可能性提高。基于斯托雷平地权改革的研究表明，农地确权提升了农地流动性、缓解了金融约束、降低了机会成本，并促进了 18％的劳动力人口转移（Chernina et al.，2014）。基于墨西哥的研究表明，农地已确权的家庭向外移民概率显著高于没有确权的家庭，确权改革后的墨西哥农村地区人口减少了 4％，且移民中的 20％是由农地确权所导致（Janvry et al.，2015）。反之，对于潜在转移劳动力，地权不明晰增加了迁移成本，抑制其转移倾向（Mullanet al.，2011）；由于地权不稳定，已转移劳动力会为了继续持有农地而选择回流（DLR Maëlys et al.，2009）。

从我国农村现实情况出发，由于人地关系紧张，人地矛盾突出，2015 年户均经营规模在 10 亩以下的农户占比高达 76.97％（何欣等，2016），表明当前中国农业经营格局仍以小农为主。农户家庭经营规模细碎使农业劳动力面临就业不充分的难题，不利于家庭收入水平提升。因此，农户家庭剩余劳动力具有向非农领域转移的意愿，但在农地产权残缺与不清晰的情况下，向非农领域转移的农村劳动力流转土地面临失地风险，且在国家加大对农业支持与补贴的条件下，失去土地使非农转移劳动力遭受更大的损失，进而可能抑制农村劳动力向非农领域转移（刘晓宇等，2008；许庆等，2017）。因此，在农地确权之后，土地产权进一步明晰，农户承包经营权受到法律保障的程度上升，农户对土地产权安全感知的程度更高，将土地流转出去面临失地的风险更小，从而激励农村劳动力向非农产业转移。故农地确权可能通过降低农地流转的失地风险而促进农业劳动力非农转移（许庆等，2017）。

然而，劳动力转移可能使农业生产在农忙季节面临农业劳动力短缺的情况。为解决农业生产所受到的农业劳动力不足的约束，农户倾向于引入农业社会化服务（周丹等，2016）。因此，农地确权可能通过促进劳动力非农就业转移，增加农户对农业生产外包服务的需求。

2.3 农业生产环节外包行为现状及其影响研究

农业生产环节外包服务发展标志着农业分工深化，有助于提高农业生产效率，增强农业综合生产能力，促进农业生产经营方式转型。现有关于农业生产环节外包的文献较为丰富，绝大多数文献在关注水稻生产环节外包，而对其他农作物的生产环节外包行为较少涉及。既有文献主要从农业生产环节外包现状、农业生产环节外包对农业生产的影响、农业生产环节外包行为影响因素等方面对农业生产环节外包进行了研究。

2.3.1 农业生产环节外包行为现状

在工业化与城镇化背景下，农村劳动力大量向城镇与非农产业转移，造成农业家庭经营与留守劳动力结构失衡，带来农村留守劳动力数量、体能与技能不足的问题，诱发农业生产环节外包的需求（王志刚等，2011；蔡荣等，2014）；同时，在获取服务规模经济这一外部利润的诱惑下，具有较强行为能力与比较优势的生产大户与农业生产服务组织进入农业生产环节外包供给市场，为农户提供产前、产中与产后等农业生产环节的外包作业服务（廖西元等，2011）。已有研究表明，农户将水稻生产环节外包较多的是整地、移栽、收获等劳动密集型环节，而将非劳动密集型环节外包的概率较低，并且不同生产环节的服务外包价格存在较大的差异。陈超等（2012）通过对江苏的入户调查发现，73.60%的农户只外包一个生产环节，而且主要集中在收割环节。蔡荣等（2014）基于安徽农户的问卷调查同样表明，劳动密集型环节中的收获与整地环节的外包程度最高，将这两个环节外包出去的农户占比分别为83.00%与64.80%，并且发现不同农业生产环节特性存在差异，育秧与栽插环节的农业生产活动由外包服务需求方与供给方共同完成，而其他环节的外包活动主要由外包服务供给方独立完成。王建英等（2016）基于2011年对江西上饶市10个县稻农的入户调查数据表明，水稻生产环节外包可能性排前三位的分别是收割、整地与插秧环节，样本农户将其外包的比例分别为 78.40%、57.10%、32.90%，而稻农将灌排水、除草除虫、施肥、育秧等环节外包的可能性较低，外包比例分别为 27.50%、6.90%、4.50%、1.50%。

生产环节外包服务使用价格也是学者们关注的重点，外包服务使用价格直接关系到外包服务使用成本。较高的外包服务使用价格制约农户采用外包服务的支付能力，进而抑制农户对生产环节外包服务的需求。申红芳等（2015）利用 2013 年对全国 7 个水稻主产省份的调查数据发现，收割、整地与病虫害防治环节平均外包价格分别为 98.82 元、90.93 元与 41.25 元，移栽环节由于机械化程度低，主要依靠人工来完成，而人工作业效率较低，需要投入更多的作业时间，导致其平均外包价格相对其他环节较高，为 137.79 元。陈江华等（2016）则利用 2015 年对全国九省的农户入户调查数据表明，劳动密集型环节的外包比例较高，其中 62% 的被调查农户将收获环节外包，而病虫害防治、施肥、育秧、灌溉等非劳动密集型环节外包的比例远低于劳动密集型的收割与整地环节，其外包比例分别为 23.00%、16.37%、14.91%、14.46%，并且农业雇工成本较高，农业雇工支出日薪 150 元/（人·天）及以上的占比 57.40%，200 元/（人·天）及以上的占比高达 41.03%。有学者认为这与农业劳动力市场"卖方定价"有关，由于农村劳动力向城镇与非农产业持续大规模转移，导致农业生产在农忙季节面临劳动力短缺的状况，农业雇工较难，促使农业用工成本上升，进而推高农业生产环节外包价格（申红芳等，2015）。

虽然现有关于农业生产环节外包的文献主要在关注水稻生产环节外包，但也有部分文献对其他几种主要农作物生产环节外包行为展开了研究。段培等（2017）对山西与河南两省小麦种植户的调查发现，72% 的农户将播种环节外包出去，而在植保与追肥环节外包的比例较低，分别为 11% 与 9%。张强强等（2018）基于西北三省苹果种植户的调查发现，71.4% 的农户在苹果种植过程中采用了外包服务。但该文未区分农户在不同生产环节采纳生产外包服务的差异，在为政策制定提供决策依据方面缺乏针对性的指导。王颜齐等（2018）利用对内蒙古和黑龙江大豆种植户的调查所获得的面板数据进行分析表明，随着时间推移，将生产环节外包的豆农不断增加，到 2016 年，

92.4％的样本豆农存在雇用生产行为，但绝大多数的大豆种植户主要将整地与收割生产环节外包给了社会化服务经营主体。

从国外的相关研究看，荷兰小规模、经营内容多样化与劳动力不足的农场在日常生产中倾向于将农业生产工作外包出去，而日本农业虽受到农业劳动力减少与老龄化等因素的困扰，但由于文化等因素的差异，农民在日常农业生产管理中较少使用农业生产外包服务（Igata M et al.，2008）。Dupraz P 等（2015）对法国与瑞士的农场在农业生产过程中不同类型农业用工情况进行了研究，发现法国农场平均雇用 0.37 个农业工人，而瑞士更高，为0.46。Houssou N 等（2017）认为资本服务市场在促进农业机械应用扩散方面扮演了重要角色，其通过对撒哈拉沙漠以南非洲国家的调查发现，农户对农机服务的需求在上升，这些需求主要来自经营规模较小的农户，而经营规模中等及以上的农户倾向于投资农业机械，并提供农机作业服务。

从农作物品种角度看，粮食作物在劳动密集型环节的机械化程度远高于经济作物的机械化程度，而粮食作物内部的水稻与小麦在劳动密集型环节的机械化程度高于玉米（董欢等，2014）。随着经济与科技的发展，以及农业现代装备水平的不断提高，农业机械化在劳动密集型环节迅速发展。据第三次全国农业普查数据表明，水稻机耕、机播与机收的比例分别为 83.30％、29.00％和 80.10％[①]。由此可知，在机耕与机收环节，农户外包也主要是引入机械社会化服务来完成家庭农业生产活动，而纯由雇工完成的比例较小。

2.3.2　农业生产环节外包对农业生产的影响研究

农户将生产环节外包以获取农业生产性服务，标志着农业专业化分工的深化，促进了农业产业链的形成与发展，有助于农户分享外部规模经济收益，提高农业生产效率与增加自身收入（Picazo‐Tadeo A J et al.，2006）。在我国农地细碎化严重与农业劳动力成本不断上升的背景下，我国农业产出还能稳步增长，很大程度上是得益于农户将劳动力密集型的环节外包（Zhang X et al.，2015）。农业生产环节外包，一方面，缓解部分农户家

---

① 数据来源：《宁吉喆："三农"发展举世瞩目 乡村振兴任重道远》，国家统计局网站（http://www.stats.gov.cn/tjsj/sjjd/201712/t20171214＿1562736.html），2017 年 12 月 14 日。

庭农业生产受制于务农劳动力不足的困境，提高其农业技术效率（张忠军，
2015；卢华等，2020），节约生产成本（刘强等，2017），帮助其完成农业生
产活动（Igata M et al.，2008），促进小农与现代农业有机衔接（杨子等，
2019；曾福生和史芳，2021）；另一方面，抑制了农地抛荒（陈景帅和韩青，
2021），激励具有农业生产比较优势的农户转入土地扩大生产规模（姜松等，
2016；杨子等，2019），获得农业规模经济效应，增加农业生产经营收入
（朱文珏、罗必良，2016；赵鑫等，2021）。农业社会化服务对农业生产的促
进作用在畜牧业生产方面也得到了验证。Jeffrey G 等（2010）基于美国农
业资源管理调查数据，通过对美国西部奶牛养殖场饲料生产环节外包影响的
实证分析发现，养殖户将青贮饲料与干草饲料的供应由外部生产者提供，而不
是自己生产，将有助于扩大自身养殖规模与养殖效率，进而增强养殖盈利能力。

农业社会化服务推进农业绿色发展。有研究发现引入农业社会化服务促
进了农户采纳亲环境技术（卢华等，2021），提高农户使用生物农药的可能
性（杜三峡等，2021），激励农户实施农药减量行动（闫阿倩等，2021），显
著降低农户化肥施用量（谢琳等，2020；梁志会等，2021）。可以看出，从
农业社会化服务视角研究农户双季稻种植行为的文献非常缺乏。

现有国内文献对于生产环节外包对农业生产的影响研究主要通过构建生
产函数来实现，研究结论均表明外包服务引入对农业生产率具有促进作用。
张忠军（2015）基于358个农户的调查数据，并通过构建超越对数生产函数
模型进行实证分析，发现水稻生产环节外包有助于提高水稻生产率，但不同
类型的生产环节外包对生产率的影响存在明显的差异。陈超（2012）利用
C-D生产函数进行实证研究表明，水稻生产环节外包将有效地提高生产
率，且随着时间的推移生产率效应有扩大的趋势。生产环节外包对农业生产
率具有正向影响、可提高土地产出率的结论在现有文献中一致。王颜齐和郭
翔宇（2018）对大豆生产效率的实证研究发现，雇用生产环节外包服务对大
豆产量有显著正向影响，其中，引入农机服务比雇用劳动力服务对大豆产量
的影响更大。

2.3.3　农业生产环节服务外包的影响因素研究

农业生产特性决定农业分工有限。发展中国家的出路在于把传统农业改

造成现代农业，农业增长的关键在于获得并有效使用某些现代生产要素（Schultz，1964）。小规模经营农户将部分生产环节分离出去，成为农业生产服务的需求方，形成匹配于专业化服务组织的服务规模需求，为农业生产服务组织采纳先进农业技术与装备提供了条件，同时有助于生产环节外包的农户分享外部规模经济效应。因此，农业生产环节的外包有助于农业生产效率的提高与农业产业的发展。然而，"斯密猜想"指出，农业生产劳动力的增进，总也赶不上制造业劳动生产力增进的主要原因，也许就是农业不能采取完全的分工制度。这表明农业生产特性使农业分工演进受阻，农业分工是有限的。农业生产的周期性与季节性、低市场需求弹性、易腐性、生产分散与监督困难及其经验品的特性导致传统农业生产领域的分工深化存在内生障碍，使农业成为弱质性产业（罗必良，2008；罗明忠，2014；陈文浩等，2015）。但农业的设施化与装备技术的进步有助于缓解农业生产环节外包所面临的约束，促进农业分工深化（江雪萍，2014）。

农业生产环节外包的前提是生产环节的可分性。农业生产环节外包实质上是土地经营权的进一步细分与交易，是发生在农户与服务供给方之间的交易，将经营权的某些操作职能分离出来并转让给具有比较优势的行为主体，带给交易双方合作剩余（陈思羽，2014）。产权的分离有助于实现个人知识与权利行使间的匹配，是发挥行为主体比较优势的有效途径（胡新艳，2015）。农业生产环节能否外包的前提条件是生产环节的可分解性。江雪萍（2014）的实证研究表明，农业生产中的耕整、收获和储运等环节，可外包性程度较高。

现有文献主要基于交易费用理论、需求价格理论及比较优势理论研究了农业生产环节外包的影响因素。蔡荣（2014）基于交易费用分析范式，从资产专用性与不确定性两方面出发，认为将对产量影响大的环节与任务繁杂的生产环节外包的可能性低。陈思羽等（2014）利用威廉姆森交易费用分析范式实证分析了农业生产环节外包的影响因素，结果表明物理资产专用性、地理资产专用性与风险性对所有生产环节外包产生抑制作用，而人力资产专用性与规模性促进劳动密集型环节的外包。申红芳等（2015）在需求价格理论的一般框架下，从外包服务价格、农户家庭收入与劳动力要素的丰裕程度视角分析了其对农业生产环节外包的影响，发现外包服务价格与家庭务农劳动力人数对农业生产环节外包有显著的抑制作用。胡新艳（2015）在交易费用分析范式的基础上引入了农户行为能力来衡量农户的比较优势，考察行为能力与生产环节外包的关系，结果表明，农户的交易能力、处置能力与排他能力对农业生产环节外包与外包环节数量均有显著的正向影响。

在变量选择方面，现有实证研究文献主要从农户个人特征、家庭资源禀赋与地块特征角度选取，研究了家庭农业劳动力、经营规模、细碎化、非农就业、年龄等变量对农业生产环节外包的影响，结果表明家庭农业劳动力人数、土地细碎化程度、户主年龄对农业生产环节外包有显著的负向影响，而经营规模、非农就业与地块机械通达性对家庭农业生产环节外包有显著的正向影响（蔡荣，2014；Ji C et al.，2015；张燕媛，2016；展进涛，2016；李琴等，2017）。还有实证研究表明，农业收入占比对农场雇用农业劳动力具有显著的负向影响（Dupraz P et al.，2015），这与其他文献的研究结论不一致；一般而言，农业收入占比越高，农业经营规模越大，在农业生产中受到劳动力不足约束的可能性更大，更需要雇用劳动力。

需要关注的是，现有文献对于农地经营规模与生产环节外包的关系存在分歧，有研究表明，农地规模与农业生产环节外包及农机社会化服务采用率不是简单的线性关系，而是存在"倒U"形关系（陈昭玖等，2016；曾雅婷等，2017）。也有文献指出现有研究关于农业劳动力老龄化对农业生产外包的影响未形成共识，并忽略了非农劳动力是否住家对家庭农业劳动供给的影响。在此基础上，陆岐楠等（2017）基于江苏与安徽5个地区的水稻种植户调查数据，从农业劳动力老龄化与非农劳动力是否住家角度进行了实证分析，发现老龄化使农户增加高劳动强度环节的生产外包的可能性，降低其低劳动环节外包的可能性，且住家的非农劳动力会参与家庭农业生产，一定程度上缓解家庭务农劳动力不足的困境，从而降低其家庭将生产环节外包的可能性。总体而言，增加非农就业机会、提高非农就业水平以及降低外包服务价格，有助于提高生产环节的外包比例（王建英，2015）。

已有学者初步尝试从农地确权角度分析其对农业生产环节外包的影响，构建了"产权-交易-分工"的分析框架，并采用威廉姆森交易费用分析范式分析了农地确权对水稻生产环节外包决策的作用机理，发现农地确权对农业生产环节的外包行为有显著正向影响，并将其作用机制解释为：农地确权的实施促进农地经营权细分，使行为主体自身的专业化程度提高，主体间相互依存性上升，为其他经营主体进入农业生产领域提供外包服务拓宽了空间，促进农业生产环节外包服务的发展（陈昭玖、胡雯，2016）。但其研究结论与本书观察到的现象相违背，不能解释农地已确权的农户将劳动密集型生产环节外包的比例低于农地没有确权的农户的事实。

2.4　农业社会化服务供给参与现状及其影响因素研究

农业生产环节外包服务促进小农户与现代生产要素对接，推动农业生产方式转型，在实现农业现代化进程中的作用愈发重要。但农业生产环节外包服务需求离不开农业生产外包服务供给的支撑，鼓励各类农业经营主体参与农业社会化服务供给可有效提高农业社会化服务可获得性。既有文献对农户参与农业社会化服务供给的研究较缺乏，有限的相关研究主要关注了农业社会化服务供给现状及其影响因素。

2.4.1　农业社会化服务供给参与现状研究

农业社会化服务经营主体向其他农户提供农业生产性社会化服务既能拓宽家庭收入渠道，又可提高其他农户的农业社会化服务可获得性，促进农业生产效率提升，在保障粮食安全与稳定农产品生产方面发挥着重要作用（肖卫东、杜志雄，2012）。对于拥有农机的农户而言，利用自有农机提供机械作业服务，可有效提高农机利用效率，降低资产专用性风险（Houssou N et al.，2017）。为此，2012年中央1号文件强调要培育和支持新型农业社会化服务组织，鼓励农民专业合作社、涉农企业、农业专业技术协会等社会组织积极参与农业生产产前、产中、产后服务，为农民提供便捷与高效的农业生产服务。此后的中央1号文件多次关注农业社会化服务的发展，要求着力发展农业生产全程社会化服务，重点支持代耕代收、统防统治、烘干储藏等生产性服务。当前我国农业生产性服务发展较快，对劳动力非农转移背景下的农业持续增长发挥了重要的支撑作用，但存在投入率低与地区发展不平衡的问题（梁银锋等，2018）。

已有文献注意到农户在生产中扮演的角色不断发生变化，已由单一角色向多重角色逐渐演变，不再是以前单纯的农业生产者，而是兼具农业生产者与农业服务提供者的双重角色。王全忠（2017）基于2015年对湖南种粮大户的调查表明，拥有农业机械的种粮大户不仅利用农机来推进家庭农业生产活动，还为其他农户提供农业机械作业服务。杜志雄（2017）通过对家庭农场的调查也发现，家庭农场不仅是重要的新型农业经营主体，还是不可或缺的新型农业服务经营主体，其利用自身剩余生产能力向其他农业生产主体提供农业社会化服务。吴明凤等（2017）调查了农机服务供给主体作业区域范围，发现只有5.36%的农机户提供远距离跨区作业服务，50%以上的农机户在本村范围内提供农机社会化服务，且农机户所提供的多为整地收割机械作业服务。

现有文献对于农业生产性服务发展的主要模式进行了总结，均认为农业生产性服务存在五种主要模式。肖卫东与杜志雄（2012）基于河南的调查认为，河南农业生产性服务以政府主导、农民合作社带动、农业企业拉动、新型服务组织引领、传统服务组织推动等五种模式为主。而蒋永穆等（2016）认为当前农业社会化服务供给模式以这五类为主，分别为：政府主导型、集体经济组织主导型、专业合作组织主导型、涉农企业主导型、农业服务超市主导型。可见，当前对农业社会化服务供给的关注多集中于家庭农场、合作社、涉农企业等新型农业经营主体上，却忽略了普通农户在农业社会化服务供给中所起的作用。事实上，普通农户在部分农业社会化服务供给方面扮演了重要角色，也是农业社会化服务体系的重要组成部分。有学者基于甘肃的调查发现，50%以上的农户从邻居、亲戚和朋友那里获得种养技术、病虫害防治技术与省工节本技术（谈存峰等，2010），表明普通农户也是农业服务供给的重要组成部分。

2.4.2 农业社会化服务供给参与影响因素

为提高农业社会化服务的可获得性，需要支持各类农业服务经营主体参与农业社会化服务供给，鼓励有能力与意愿的农业社会化服务组织与个人向其他农业经营主体提供农业生产性服务，破除阻碍农业服务供给主体参与农业服务供给的因素。事实证明，中国农业在农村劳动力外流与土地细碎化的背景下仍能保持稳定增长，很大程度上要归功于农业机械社会化服务的发展（Yang J et al.，2013）。通过文献搜索发现，对农业社会化服务供给行为的理论与实证研究非常缺乏。吴明凤等（2017）通过调查分析认为，土地细碎化是抑制农机户参与农机服务供给意愿与能力的重要因素，但该研究以描述性统计分析为主，没有通过实证研究进一步挖掘农机户参与农机服务供给的影响因素。钟真等（2014）基于北京郊区 8 区县 228 户新型农业经营主体的调查数据，以农业社会化服务供给数量为被解释变量，从经营规模、盈利能力、政府支持、经营者特征四方面分析影响新型农业供给主体供给农业服务数量的因素，结果表明，劳动力人数越多、获得政府支持、经营者为本地人的新型农业经营主体所能提供的农业社会化服务数量就越多；但是，该研究以服务供给数量为研究对象，没有分析影响新型农业经营主体参与供给具体服务类型的因素，对发展具体农业生产性服务的政策制定缺乏针对性的指导。

农民合作社作为新型农业经营主体的重要组成部分，是政策重点扶持的对象，在帮助小农户与大市场对接，提高小农户市场地位方面发挥着重要的作用。有研究表明，大多数合作社向社员提供了产前与产后服务，但提供产中服务的农民合作社却不足五成；通过提高合作社负责人的人力资本以及扩大社员规模有助于提高合作社向社员提供生产性服务的可能性（扶玉枝等，2017）。

2.5 简评

现有文献已对农地确权的影响及水稻生产环节外包行为决定因素进行了富有成效的研究，既有研究表明，矛盾突出的人地关系是造成土地细碎化的根源，而均田承包的农地制度加剧了我国农地小规模、分散化与细碎化的经营格局，对农户家庭农业投资与生产服务外包需求造成不利影响。农地确权通过提高土地产权强度与提升承包经营权稳定性而显著正向影响农户农地转出行为，进而影响农业规模经营。农地确权后，政策明令禁止土地再调整，农地调整空间被压缩，农地承包经营权稳定性提升，诱导农户增加依附于土地的长期投资。农业生产环节外包受个体与家庭资源禀赋的影响，同时也面临外部环境的约束。

既有研究为本研究的开展奠定了良好的基础，但在以下方面有待进一步深化与推进研究：

（1）农地确权与农业生产环节外包的作用机制还不明晰。现有实证研究认为农地确权对整地与收割这两个劳动密集型生产环节外包有显著促进作用，但没有指明两者的作用机制。事实上，本课题组的农户调查数据没有支撑农地确权促进水稻劳动密集型生产环节外包的研究结论，反而显示农地确了权的农户将劳动密集型生产环节外包的比例低于农地未确权的农户。为此，本书以农机投资为中介变量建立中介效应模型，探索农地确权影响生产环节外包的传导机制。

（2）农业生产环节外包方式选择未得到关注。现有对农业生产环节外包的研究聚焦于农户是否将生产环节外包以及外包环节的数量，而农业生产环节外包过程中所面临的外包方式选择问题却并未得到关注。课题组在入户调查中发现，在农业机械替代人工的背景下，大多数将劳动密集型生产环节外包的农户倾向于选择农业机械作业服务，但部分农户却选择雇请人工的方式，这种外包方式选择的差异需要深入挖掘其成因，以促进农业机械化发展，提高农业生产效率。

（3）影响农业生产环节外包化服务供给生成的因素有待挖掘。现有文献已关注到农业生产者角色的转换，已由单纯的生产者向兼具生产者与服务提供者双重角色转变。在农村劳动力外出务工经商的背景下，务农劳动力老龄化与弱质化趋势加强，需要提高农业社会化服务可获得性，给小农户家庭农业生产活动提供支持，解决困扰他们"如何种地"的问题。因此，需要鼓励拥有农机的农户积极参与农机社会化服务供给，研究影响农机户参与农机服务供给的因素。然而，现有研究鲜有关注影响农业社会化服务供给的因素，仅有的相关文献也以定性描述分析为主，缺乏科学的定量分析。因而本书将从农地确权与农户家庭资源禀赋角度实证分析农机户参与农机服务供给的影响因素，明确制约农户参与农机服务供给的因素，为农业社会化服务市场发展提供有效的对策建议。

3 理论分析框架

在借鉴既有研究的基础上，本章主要介绍本研究的理论分析框架，通过运用产权理论、农户行为理论，阐述农地确权与劳动密集型生产环节外包服务需求及供给之间的逻辑关系。

农业生产环节外包服务由生产环节外包服务需求与外包服务供给构成，其形成与发展是农业分工深化的标志，有助于将普通农户引入现代农业发展轨道，构建以家庭经营为基础的现代农业生产经营体系。农业生产环节外包服务发展受限于外包服务市场容量（罗必良，2017），农业生产环节外包服务供给生成受到农业生产环节外包服务需求规模的约束；农业生产环节外包服务需求与供给相互促进，共同推动农业生产现代化水平提升。一方面，农户将生产环节外包出去，形成一定规模的农业生产环节外包需求市场，诱导农业生产环节外包供给主体生成并进入外包市场提供生产环节外包服务；另一方面，农业生产环节外包供给生成提高农业社会化服务可获得性，有助于缓解新型农业经营主体面临的劳动力约束问题，提高农业生产效率，降低农业生产成本，诱导具有农业经营比较优势的主体进入农业生产领域扩大农业经营规模。反过来，农业经营规模扩大使农户对生产环节外包服务的需求增加，进一步刺激农业生产外包服务供给发展，形成良性循环。

从既有文献可看出，户主年龄、家庭务农劳动力数量及其兼业比例、家庭经营规模、家庭收入水平、外包服务价格、土地细碎化状况等因素为影响农户生产外包行为的一般性因素（王志刚等，2011；申红芳等，2015；陆岐楠等，2017），与现有研究不同的是，本研究将从需求与供给视角，重点分析农地确权对农业生产环节外包的影响。

3.1　农地确权与农业生产环节外包：需求视角

农地确权对农业生产环节外包需求的影响可能存在以下三种途径：土地流转、劳动力转移、农机投资。一是农地确权提升了农地产权排他性强度，使农地产权价值提高，并降低了农地流转交易费用，对具有农业经营比较优势的农户的吸引力增强，激励其转入土地扩大经营规模（程令国等，2016）；而经营规模扩大使农户家庭农业生产易受到家庭劳动力不足的约束，进而对生产环节外包服务需求增加。二是城乡收入差距促使农业劳动力持续向城镇转移，但在农地产权模糊状态下转移劳动力面临家庭承包地被侵占的风险，而农地确权赋予农户对承包地拥有清晰的产权，农地产权强度提升，排他能力增强，使转出方失地风险下降（付江涛，2016），进一步激励其家庭青壮年劳动力在向非农产业转移的同时将部分家庭承包地流转出去，形成"半工半耕"的家庭内部分工模式。虽然其家庭农业经营规模下降，但务农劳动力弱质化，农业生产能力降低，需要引入农业生产环节外包服务来克服农业生产面临的困境以推进农业生产，因而对农业生产环节外包需求增加。三是对于转入土地扩大经营规模的农户而言，农地确权通过影响农户对所转入地块的经营权稳定性预期而对其农机投资决策产生影响，进而作用于生产环节外包需求。

鉴于本部分的研究主要以转入土地扩大经营规模的农户为研究对象，而同时存在农地转出行为与农地转入行为的农户非常少（事实上，擅长农业经营的理性农户倾向于通过转入土地扩大农业经营规模以发挥自身比较优势，而不是将家庭承包地流转出去），因而本研究主要从农机投资角度来分析农地确权对转入地块的农户家庭农业生产环节外包服务需求的影响。

3.1.1　农地确权激励农户农机投资

产权的界定及其稳定性，将直接关系着经济主体的成本收益，进而影响其经济决策行为。产权清晰界定是市场交易得以进行的前提，产权稳定是保障市场经济健康发展的基石。产权明晰通过确定与限制产权主体行动的选择集合，降低了权利行使过程中所面临的不确定性，实现外部收益内部化，从而帮助其在与他人交易中形成可把握的合理预期。产权的变化将驱动资源流向、分布与配置状态的改变，而产权清晰界定与受保护程度提升将优化资源配置效率。正如古语所说"有恒产者有恒心"。产权的稳定清晰，有利于稳定各类投资者的投资预期，规范并保障市场主体的生产经营行为，使其行为收益预期与其努力程度一致，进而激励生产者进行更为长期稳定的投资，无须担心产权变化造成的"投资沉没"。否则，在产权不稳定的情境下，其投资收益将因缺乏有效的产权保护而受到侵害，导致其长期投资激励被削弱（Besley，1995；郜亮亮等，2013）。为此，国务院于 2017 年专门发布了《关于完善产权保护制度依法保护产权的意见》，以稳定整个社会预期，维护社会经济秩序，为经济发展增添活力。

虽然改革开放以来，在我国实行的家庭联产承包制已经明确了农户家庭对农地享有承包经营权，但是，仍然存在由于法律赋权歧视与产权管制导致"模糊产权"所带来的产权预期不稳定的问题，影响中国农业的现代化发展（罗必良，2011）。新一轮农地确权是中国农地制度的又一伟大创新，究其实质，是通过法律赋权，对农户的农地承包经营权予以进一步的明确与肯定，进而赋予农户在一个更长时期内对其承包地拥有更稳定的承包经营权。根据党的十九大精神，在第二轮农地承包期到期后，将再延长三十年。在农户家庭的承包地获得法律赋予的长时期的承包经营权的背景下，坚持农地所有权归集体，承包权和经营权分离，一方面，农地产权界定更加清晰，为破除"模糊产权"带来的"混沌"提供了可能；另一方面，土地承包经营权的进一步细分与土地经营权转让管制的放松，促使土地资源从生产率较低的农户家庭流向生产率较高的农户家庭，进而可能激励对农地价值评价更高的农户加大对农地的投资，增加农机投入。

农地确权使农地产权得到进一步明晰，农地产权强度提高，可能通过产权预期稳定性效应、信贷约束缓解效应来激励农户投资农业生产机械，进而影响其对生产环节外包服务需求。

首先，农地确权的产权稳定性效应激励农户投资农业生产机械。农地经营规模扩大激励农户加大对农业机械的投资以提高农业生产效率（王全忠等，2017）。因而农业经营规模越大，农户家庭对农业生产投资的可能性越高，尤其是当农业经营规模超过农户家庭劳动力可能的劳动承担能力时，农户可能通过投资农机，以扩大其生产经营能力。但对于转入土地的农户而言，所转入地块经营权稳定性在一定程度上影响其农机投资决策。在农地未确权之前农地经营权稳定性不够，主要原因：一是为追求农村集体土地分配的公平性，部分村庄存在依人口变化而不断调整承包地的传统，使转入地块在流转合约期内面临被调整的可能，转入地块可能被提前收回；二是村集体作为土地发包方，对农户家庭承包地流转对象与流转之后的用途选择具有较强的干预能力；三是农地产权模糊使农户在与政府土地征收中的谈判能力较弱；四是农地产权排他性强度低，农户在应对其他主体对土地产权侵犯时的行为能力不足；五是农地产权主体界定不清晰，产权边界不明使农地流转合约不规范，造成所转入地块经营权稳定性预期不足（林文声等，2017）。转入地块经营权不稳定使转入地块存在被提前收回的风险，一旦转入地块被转出方提前收回，转入方家庭经营规模变小，之前与转入土地后的经营规模相匹配的农业机械投资所形成的农业机械的利用率下降，造成农机投资收益回收缓慢甚至难以回收，进而抑制农户家庭对农机的投资热情（许庆等，2005）。

农地确权通过向承包户颁发承包经营权证使农地产权承包经营权主体明确，产权边界清晰，农地产权排他性与安全性增强，进而稳定转入方农户经营权预期。虽然村民集体内部仍可能对土地继续调整达成一致认同，但农地确权使农地调整失去法律依据，调整可能性下降，调整空间被压缩（陈江华、罗明忠，2018），土地产权稳定性得到提升，使转入地块因土地调整而被收回的可能性降低。同时，农地确权降低了农地产权模糊度，提高了产权排他性，增强了农户对抗村集体干预农地流转与抵御其他主体对其土地产权侵犯的能力，以及在面临政府征收农地时的谈判能力。另外，农地确权使土地调整可能性大大降低，有助于转入方与转出方签订规范的农地流转合约，为更长的合约期限奠定基础，稳定转入方所转入地块的经营权稳定性预期。

由于农业机械具有较高的资产专用性，且农业机械价格较昂贵，因而转入方农地经营权稳定性预期对以农机为代表的与土地不相关的农业长期投资行为具有重要影响。在农地未确权使农地经营权处于稳定性预期不足的约束下，承租方所转入地块存在被转出方提前收回的潜在风险。一旦所转入地块在流转合约还未到期前被转出方提前收回，导致转入方的家庭农业经营规模缩小,低于已投资农机作业能力所要求与之相匹配的经营规模,使已有农业机械利用效率下降,农机投资收益回收缓慢,抑制其农机投资信心。相反,承租方家庭农业经营规模扩大,且经营权预期稳定的条件下,为缓解家庭务农劳动力约束,提高农业生产效率,降低农业生产的机会成本,其具有较强的农机投资激励。

然而,由于土地经营权依附于承包权,而承包权来源于农村集体组织成员合法身份,使农村承包地具有"产权身份垄断"的特征(罗必良,2016)。而农地确权通过颁证进一步确认农户对农地的承包经营权,强化了承包地的"产权身份垄断"特征,不仅使转出方在农地流转合约订立中的谈判能力增强,而且增强其在农地流转合约履行中的行为能力,反而威胁转入方对所转入地块经营权的稳定性。究其原因,一是因为农村转移劳动力非农就业不稳定,在城市融入困难与失业的状况下可能返乡务农,把转出的农地收回;二是因为在农地流转合约期内,转出方可能因其他农户农地流转价格上升而要求提高农地租金,否则撕毁农地流转合约。但从现实情况看,因农地确权增强转出方谈判与行为能力而导致转入方所转入地块经营权不稳定的可能性较小。一是因为在工业化与城镇化背景下,农业比较收益较低,除非出现严重的经济危机,农村转移劳动力在非农领域积累了一定的知识与技能,在非农就业不稳定的情况下仍可通过劳动力市场获得非农就业机会以增加家庭收入;二是因为农地流转多发生在熟人之间,转出方在农地合约期内提高租金将破坏流转双方的人际关系。同时,转出方提高租金的要求可能导致转入方退租,使转出方付出较高的搜寻成本重新寻找交易对象。但农地流转双方的熟人关系与较高的农地流转交易费用抑制转出方在合约期内要求涨租的行为,降低其提高租金的可能性,使发生流转的地块经营权较稳定。

因此,农地确权总体上提升了转入方所转入地块经营权稳定性预期,进而激励其对农业机械进行投资。

其次,农地确权的流动性约束缓解效应激励农户投资农业生产机械。农户转入土地扩大农业生产经营规模,使其具有较强的农机投资激励,以提高农业生产效率,加快农业生产进度,而高昂的整地与收割机械价格使农户在投资农机时面临流动性约束。与此同时,农地确权使产权主体明确,产权边界清晰,土地价值提升,在农地承包经营权被赋予抵押贷款权能的条件下,农地确权能有效提高农户通过土地经营权获得正规金融机构贷款的可能性（Feder et al.，1988；李韬、罗剑朝，2015）。而转入方转入经过确权的农地的规模越大，其通过农地经营权抵押贷款的可能性越高，进而缓解其信贷约束，激励其对农机进行投资。

3.1.2 农机投资弱化农业生产环节外包服务需求

农户一旦对劳动密集型环节农业机械投资后，机械对人工替代特性使其劳动密集型生产环节外包需求将减少，甚至被自有机械完全替代（郑旭媛等，2017）。

首先，农业机械要求一定的经营规模匹配其作业能力，在家庭经营规模低于自有农机所要求匹配的规模时，农机作业能力过剩，农户对生产环节外包需求被自有农机完全替代；对于经营规模较小且投资了劳动密集型环节农机的农户而言，为了尽快收回农机投资成本，利用自有农机过剩的作业能力向其他农户提供农机外包服务是一种理性选择。

其次，当家庭经营规模大于自有农机所要求与之匹配的规模时，在不贻误农时的原则下，自有农机的作业能力并不足以承担相应环节的全部农业生产活动，需要在充分利用自有农机的基础上将相应环节的部分农业生产活动外包，从而引入农业生产社会化服务。没有投资农机的小规模农户基于成本收益的考量，为降低农业生产机会成本，将更多的时间配置于非农领域，同时也在闲暇偏好的影响下，对劳动密集型环节生产外包的需求较大。

3.2 农地确权与农业生产环节外包：供给视角

农业生产环节外包服务供给是指农业生产性服务经营主体向其他农业经营者提供生产环节外包服务。投资了农业机械的农户向其他农户提供农机社会化服务不仅有助于提高其他农户农机社会化服务的可获得性，使农机得到较充分的利用，进而缩短农机投资回收期；还可在非农就业缺乏的情况下拓宽家庭收入渠道，通过参与农机社会化服务供给获取服务供给收益，增加家庭收入。本书主要研究水稻劳动密集型生产环节外包需求与供给，而水稻劳动密集型环节机械化程度较高（钟甫宁等，2016；罗必良、仇童伟，2018），因而本研究的生产环节外包服务供给是指整地与收割环节农业机械社会化服务供给。本研究将从信息不对称与细碎化两方面阐述农地确权对生产环节外包服务供给的作用。

3.2.1　农地确权、信息不对称与农业生产环节外包服务供给

农地确权可能通过降低信息不对称来促进农户参与农机服务供给。农地确权主要在地籍调查与地块测量的基础上向农户发放土地承包经营权证，解决农地产权边界不清、面积不明的问题，使地块的四至与具体面积得到明确。在外包服务价格给定的情况下，影响生产环节外包服务供需双方合作顺利进行的关键在于外包服务作业面积的认定。外包服务作业面积认定不准将会损害外包服务供给或需求方的利益，导致外包服务供给或需求受到抑制。

在未进行农地确权的情况下，农业社会化服务供需双方对已完成作业面积的认定可通过以下两种方式来完成：一是由外包服务供给方重新测量；二是由服务需求方提供信息。前者多发生在缺乏信任基础的非熟人之间，致使外包服务供给方在服务供给过程中的工作量增加，供给成本上升，外包服务供给收益降低，进而抑制其参与生产环节外包服务供给的意愿；后者多发生在具有较高信任度的熟人之间。在外包服务供需双方是熟人的前提下，如果外包服务供给方仍坚持通过重新测量已完成的作业面积来计算作业服务费用，将使服务需求方感到不被信任，导致服务供需双方关系出现生疏倾向，进而损害双方个体的社会资本。农机服务供给方这种行为可能被需求方视为"敌对"行为，迫使需求方利用熟人社会中重复博弈机制实施惩罚策略。因此，外包服务需求方可能在未来外包服务市场上采取更换外包服务供给方的惩罚行为，造成外包服务供给方业务量萎缩，使其外包服务供给收益减少。为避免这种局面出现，服务供给方将采用服务需求方提供的地块面积信息作为收取服务费用的依据。但在熟人关系条件下需求方仍可能做出隐藏真实地块信息的道德风险行为，谎报与少报已完成作业地块的面积，从而侵犯外包服务供给主体的利益，打击农业生产性服务经营主体提供外包服务的积极性。

农地确权能够有效降低生产环节外包服务中关于地块信息的不对称性程度，通过降低地块信息搜寻成本与服务供给成本促进交易费用的节约，减少

生产环节外包服务交易中的纠纷，进而提高农业生产性服务经营主体参与生产环节外包服务供给的意愿。

3.2.2 农地确权、细碎化与农业生产环节外包服务供给

农地确权可能通过固化农地细碎化状况而抑制农业生产性服务经营主体参与生产环节外包服务供给。改革开放以来，中国实行家庭联产承包责任制，农村土地平均分配给村庄集体成员，虽然激发了农民发展农业生产的热情，但也造成农地细碎化的局面。农地细碎化使大中型农业机械应用难度增加与作业效率降低，阻碍农业生产效率提升，对生产环节外包服务需求产生显著抑制作用（申红芳等，2015），而存在一定规模的生产环节外包服务需求是农业生产性服务经营主体参与外包服务供给的前提，因而促进生产环节外包服务发展必须要引导农户将生产环节外包。这表明促进生产环节外包服务供给生成的重要途径是缓解农地细碎化状况。然而，农地确权颁证政策的实施可能并不会改善农地细碎化状况，反而使农地细碎化问题缓解困难，进而对生产环节外包服务供给产生不利影响。

首先，农地确权可能通过固化土地细碎化格局而抑制农业社会化服务经营主体参与生产环节外包服务供给。农地确权虽然稳定了农村土地承包经营关系，降低了土地承包经营权不确定性，但压缩了土地调整空间（丰雷等，2013），导致农地细碎化的局面被固化（王海娟，2016；郎秀云，2015），不利于农业机械应用与效率的发挥，抑制农业生产服务经营主体参与生产环节外包服务供给的热情。事实上，在城镇化背景下，农村劳动力转移使土地调整成为解决农地细碎化的有效途径，而且农民也有将土地并块提高耕作便利性的强烈意愿（田孟等，2015）。

其次，农地确权可能抑制农地流转，对改善农地细碎化状况无益。有研究表明农地确权并不会显著促进农地转出（胡新艳等，2016），甚至可能因为农地产权强度提升使农地"禀赋效应"增强而抑制农地流转（罗必良，2016）。因而以期通过农地确权促进农地流转，进而改善农地细碎化状况的目标也就无从实现。有学者甚至进一步指出土地流转这种方式没有实现小块并大块的意图，无法改善农地细碎化局面（胡新艳等，2013），进而可能抑制生产环节外包服务供给生成。

根据以上分析，并基于当前研究数据的可获得性，本研究将重点围绕以下三方面展开研究：①农地确权如何通过农机投资影响稻农生产环节外包行为；②农地确权背景下，将劳动密集型环节外包的农户为何在外包方式选择上存在差异。③农户投资农机后是否会参与农业生产环节外包服务供给，农地确权在农机服务供给参与中的作用如何。

由此，构建本研究的逻辑分析框架如图3-1所示。即农地确权通过提高转入地块经营权稳定性预期而激励转入方对农机进行投资，进而减少或替代其对农业生产环节外包服务需求。而未投资农业机械的农户在劳动力不足的约束与闲暇偏好的作用下需要引入农业生产环节外包服务，面临雇用机械还是雇用人工的选择。对于已投资农业机械的农户而言，其在利用自有农机满足家庭农业生产需要之余是否会参与农机服务供给，向其他农户提供相应环节的农机作业服务，以获取外包服务供给收益。

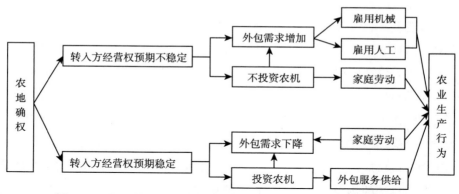

图3-1　农地确权与水稻劳动密集型生产环节外包的逻辑分析框架

4 数据来源与样本描述

由于本书以水稻种植户为考察对象，结合本研究目标，基于以下考虑将江西与广东两省作为问卷调查区域。首先，江西对中国粮食安全具有举足轻重的作用。作为中国传统水稻主产省份之一，水热光充足，气候条件适宜，鄱阳湖平原及地势较平坦地区为水稻种植提供了得天独厚的条件，具有悠久的水稻栽培历史，水稻播种面积位列全国第二，仅次于湖南省，但其经济总体实力在南方水稻主产区中比较落后，第一产业在国民经济中比重相对较高，种粮收益对农户家庭的收入更重要。其次，广东区域发展不平衡问题突出。广东省具备水稻生产的良好水热条件，且属于经济发达区域，二三产业占比较高，为农村劳动力转移与农业规模经营提供了条件，但珠三角以外的其他区域地形以山地丘陵为主，水稻生产无法进行集中连片大规模经营，以分散的小规模经营为主，同时珠三角平原地区经济发达，农业以附加值高的都市农业为主导。因此，从经济发展水平与中国粮食安全重要性角度而言，以这两省份作为问卷调查区域，具有较好的代表性。本部分首先从宏观层面介绍被调查区域农业与农村经济发展的总体状况，再根据问卷数据阐述微观层面稻农家庭农业生产特征，为下文的实证分析做好铺垫。

4.1 被调查区域农业经济发展现状

4.1.1 农业劳动力就业与农业收入状况

从表4-1可见，广东作为经济发达省份，城镇化水平较高，为农村劳动力向城镇与非农产业转移准备了条件，吸引农村劳动力大规模进入二三产业就业，因而其农村劳动力转移程度较高，第一产业就业人数占比低于全国平均水平。而江西农村劳动力非农转移程度较低,过多劳动力滞留在农业领域,使农户家庭对农业收入的依赖程度更高。2015 年江西省第一产业就业人数占比 30.05%,高于全国 28.30% 的平均水平。2015 年全国农民经营性收入占家庭收入比重平均为 39.43%,江西为 39.78%,高出全国 0.35%;而广东为 26.87%,比全国平均水平低 12.56%;2015 年全国农村人均可支配收入为 11 421 元,江西为 11 139.1 元,比全国平均水平低 281.9 元,广东农民人均可支配收入为 13 360.44 元,比全国平均水平高 1 939.44 元。可见,江西省农村劳动力非农转移程度与经济发展状况相关,江西省农民人均收入水平相对较低,农业收入在家庭收入中所占比重较高。江西经济发展水平较落后,农村劳动力缺乏充分的省内非农转移的机会,导致农村劳动力非农转移程度相对较低,致使农民人均收入水平不高,更依赖于农业收入。

表 4-1 2015 年广东、江西与全国农业发展现状对比分析

指　　标	全国	广东	江西
社会总就业人数(万人)	77 451.00	6 219.31	2 615.78
第一产业就业人数(万人)	21 919.00	1 375.15	786.01
第一产业就业人数占比(%)	28.30	22.11	30.05
农民可支配收入(元)	11 421.00	13 360.44	11 139.10
家庭经营性收入(元)	4 503.60	3 590.10	4 431.30
家庭经营性收入占比(%)	39.43	26.87	39.78
水稻播种面积(千公顷)	30 216.00	1 887.30	3 342.40
占全国水稻播种面积的比例(%)	100.00	6.25	11.06
农业劳动力人均播种面积(亩)	2.07	2.06	6.38
稻谷产量(万吨)	20 822.50	1 088.40	2 027.20
占全国稻谷产量比例(%)	100.00	5.23	9.74
稻谷单产(千克/亩)	459.41	384.46	404.34
农业机械总动力(万千瓦)	111 728.10	2 696.80	2 260.80
大中型拖拉机(万台)	607.29	2.87	1.96
小型拖拉机(万台)	1 703.04	32.96	33.20

数据来源:《中国统计年鉴 2016》《江西统计年鉴 2016》《广东统计年鉴 2016》。

4.1.2　水稻种植及农业机械化发展概况

表 4-1 可见，2015 年全国水稻播种面积 30 216 千公顷，江西水稻播种面积为 3 342.4 千公顷，占全国播种面积的比重为 11.06%，而广东水稻播种面积为 1 887.3 千公顷，占全国播种面积的比重为 6.25%。从农业劳动力人均耕种面积看，2015 年全国农业劳动力人均播种面积 2.07 亩，广东略低于全国平均水平，为 2.06 亩，而江西为 6.38 亩，比全国平均水平高出 4.31 亩。这反映出江西作为中国重要的水稻生产区域，劳均播种面积较高，农户家庭收入相对更依赖于种稻收益。

从水稻产量看，2015 年江西稻谷产量为 2 027.2 万吨，占全国稻谷产量的比例为 9.74%，低于其播种面积所占的比重，广东水稻产量为 1 088.4 万吨，占全国稻谷产量的比例为 5.23%，同样低于其水稻播种面积所占全国的比重。这种现象可从稻谷亩均产量找出原因。2015 年全国水稻亩产平均为 459.41 千克，而江西与广东的水稻亩产均低于全国平均水平，分别为 404.34 千克/亩、384.46 千克/亩，每亩分别比全国平均水平低 55.07 千克、74.95 千克，反映出粤赣两省水稻生产方式粗放，农业生产技术水平较低，制约水稻单产提升与农民收入增加。

从农业机械化水平看，江西省水稻播种总面积接近广东省的两倍，但农机总动力和小型拖拉机数量与广东相差不大，甚至所拥有的大型拖拉机数量少于广东省，直观地反映出江西省农业机械化水平较低的现状，表明江西省需要进一步大力发展农业机械化，促进农业机械替代人工，推动农村劳动力持续向城镇与非农产业转移，改善农户家庭收入结构，提高农户家庭收入水平。

4.2　抽样方法与样本描述

4.2.1　抽样方法概述

课题组于 2016 年 7—8 月在江西与广东两省采用分层随机抽样的方法对农户进行问卷调查，目的在于了解农村农业生产与土地确权状况。被调查样本主要通过以下方式来确定：首先，根据地理位置将江西与广东划分为东南西北四个区域，选取每个区域所有县市的农业人口占县总人口的比例、第一产业在国民经济中的占比、耕地总面积、家庭经营性收入占家庭总收入的比例等四个指标，并求出这四个指标的因子综合得分，最后对因子综合得分进行排序。对于江西的样本选择，根据因子综合得分排序将每个区域的县（市/区）分为好、中、差三类，在每一类中随机选择一个县，再按同样的方法在每个县中选择3个乡镇，然后请乡镇农业部门工作人员对辖区内行政村经济发展情况进行排序，接着在每个乡镇选择经济发展水平为好、中、差的3个行政村，每个行政村随机选择两个自然村，在每个自然村随机调查10个农户。在江西共调查了12个县，2 160个农户，其中收回调查问卷2 100份，有效问卷1 925份，问卷有效率91.67%。广东省样本县的选择与江西略有不同，鉴于广东粤东西北地区人均耕地面积小、农业生产商品化程度低的现状，课题组决定减少所要调查的样本量。首先，将因子得分排序分为较好与较差两类；其次，在每个区域选择2个样本县；最后，样本乡镇与村及农户的抽样方法与江西相同。在广东调查了8个县，共1 440个农户，回收1 400份问卷，其中有效问卷为1 157份，问卷有效率为82.64%。本次调研获得粤赣两省有效问卷3 082份，其中从事水稻种植的农户有1 998户，占比64.83%，而江西水稻种植户样本为1 439户，广东有559户水稻种植户样本。

问卷主要调查了农户的家庭农业生产特征、家庭社会资源状况、村庄特征、土地禀赋状况、劳动力要素配置特征、农地确权、耕地流转状况等信息。

4.2.2 样本特征描述

（1）样本农户家庭水稻生产状况。为更好地掌握样本农户家庭的劳动力配置与农业生产特征，本书将对全体样本1 998户水稻种植户的家庭特征进行描述性统计分析（表4-2）。

表4-2 农业生产特征描述性统计分析

样本类型	全体样本			江西省样本			广东省样本		
特征	样本	均值	标准差	样本	均值	标准差	样本	均值	标准差
水田面积	1 998	10.822	44.320	1 439	14.063	51.842	559	2.479	2.656
是否种植两季	1 998	0.755	0.430	1 439	0.735	0.442	559	0.807	0.395

（续）

样本类型	全体样本			江西省样本			广东省样本		
特征	样本	均值	标准差	样本	均值	标准差	样本	均值	标准差
水田破碎度	1 998	1.658	1.870	1 433	1.488	1.797	559	2.139	1.988
是否转入土地	1 998	0.254	0.435	1 439	0.265	0.442	559	0.224	0.417
农业收入占比 10%以下	1 998	0.427	0.495	1 439	0.461	0.498	559	0.342	0.475
农业收入占比 10%~50%	1 998	0.275	0.447	1 439	0.245	0.430	559	0.353	0.478
农业收入占比 50%~90%	1 998	0.127	0.334	1 439	0.088	0.284	559	0.227	0.419
农业收入占比 90%以上	1 998	0.171	0.169	1 439	0.206	0.405	559	0.078	0.268
户主年龄	1 998	52.484	12.137	1 439	54.028	11.022	559	48.549	13.850
务农劳动力人数	1 998	1.971	0.895	1 439	1.982	0.858	559	1.944	0.984
是否有纯非农	1 998	0.662	0.473	1 439	0.627	0.484	559	0.751	0.433
务农劳动力兼业比例	1 998	0.268	0.385	1 439	0.212	0.356	559	0.413	0.420
是否确权	1 998	0.661	0.474	1 439	0.800	0.400	559	0.307	0.462
整地环节是否使用机械	1 998	0.646	0.478	1 439	0.650	0.477	559	0.637	0.481
收割环节是否使用机械	1 998	0.769	0.423	1 439	0.805	0.396	559	0.674	0.473
整地环节是否雇用人工	1 998	0.064	0.245	1 439	0.028	0.164	559	0.158	0.365
收割环节是否雇用人工	1 998	0.175	0.380	1 439	0.085	0.279	559	0.408	0.492
整地环节是否雇用机械	1 998	0.439	0.496	1 439	0.427	0.495	559	0.471	0.500
收割环节是否雇用机械	1 998	0.683	0.465	1 439	0.707	0.455	559	0.621	0.486
是否有整地机械	1 998	0.281	0.450	1 439	0.218	0.413	559	0.447	0.497
是否有收割机械	1 998	0.202	0.402	1 439	0.108	0.310	559	0.445	0.497
是否提供整地机械服务	561	0.342	0.475	314	0.213	0.410	247	0.504	0.501
是否提供收割机械服务	403	0.443	0.497	155	0.290	0.455	248	0.538	0.500
整地环节外包方式	935	0.137	0.344	642	0.062	0.242	293	0.300	0.459
收割环节外包方式	1 486	0.235	0.424	1 061	0.115	0.319	425	0.534	0.499
整地环节是否外包	1 998	0.468	0.499	1 439	0.446	0.497	559	0.526	0.500
收割环节是否外包	1 998	0.745	0.436	1 439	0.737	0.440	559	0.765	0.424
雇工价格〔元/（人·天）〕	1 998	140.05	43.249	1 439	130.210	35.934	559	165.372	47.515
雇收割机费用（元/亩）	1 998	110.88	33.801	1 439	101.831	20.046	559	135.787	43.420

数据来源：课题组于 2016 年对粤赣两省水稻种植户的调查。

　　①就水稻种植面积而言，由表 4-2 可见，2015 年被调查水稻种植户家庭水田实际经营面积平均为 10.82 亩，其中江西户均水田经营规模更大，为

14.06 亩，比广东水田户均经营规模多 11.58 亩，但广东 80.70％的样本家庭种植两季水稻，而江西省样本家庭种植两季水稻的比例低于广东，为 75.50％。进一步从土地破碎度角度看水田禀赋特征[①]，被调查样本总体破碎度较高，大于 1，为 1.66，江西省样本水田破碎度低于平均水平，为 1.49；而广东样本农户家庭水田破碎度高于平均水平，为 2.14，显示广东省样本农户家庭平均每亩稻田由两块以上分散的土地构成，表明广东省样本水田细碎化与分散化程度更严重。相对江西而言，广东纬度更低，水热条件更优越，更有利于水稻的种植。与此同时，广东省样本农户家庭经营规模普遍较小，农业收入较低，通过提高水田利用率有助于增加家庭收入，因而其种植两季水稻的比例更高。也正是由于家庭经营规模狭小，进一步增强了广东农村劳动力向城镇非农产业转移的动力，以增加家庭收入，提高家庭生活水平。

截至 2015 年底，样本农户家庭土地已确权的比例平均为 66.10％，江西省样本 80.00％家庭承包地已确权，而广东省样本却只有 30.70％的家庭的承包地已确权，确权比例较低。江西为全国水稻主产区之一，户均耕地面积相对较多，农地确权对其影响更大，因而政府更倾向于积极推动农地确权工作。

②从农业收入占家庭总收入比重看，42.72％的稻农家庭农业收入占比在 10％及以下，农业收入占比在 10％到 50％之间的稻农家庭比例为 27.52％，农业收入占比在 50％至 90％之间的稻农家庭比例为 12.76％，而农业收入占比在 90％以上的稻农家庭比例约为 17％。近 71％的被调查农户家庭农业收入占比在 50％以下，表明绝大多数稻农家庭的收入主要来源于非农收入。从省份差异看，农业收入占比在 10％及以下的江西稻农家庭的比例为 46.07％，而广东为 34.22％；农业收入占比在 10％至 50％的江西稻农家庭的比例为 24.46％，而广东为 35.27％；农业收入占比在 50％至 90％的江西稻农家庭的比例为 8.83％，而广东为 22.75％；农业收入占比在 90％以上的江西稻农家庭的比例为 20.64％，而广东为 7.76％；数据显示广

---

① 破碎度为土地块数与土地面积之比，数值越大，破碎度越高；大于 1 表示 1 亩地由多块分散的地构成。

东一兼农与二兼农的占比均高于江西省样本农户，而且江西稻农家庭从事纯农业生产的比例更高，表明江西农村地区非农就业机会相对缺乏。这是由于江西经济发展滞后，工业化与城镇化水平与广东相比有较大的差距，导致江西农村地区整体上非农就业机会相对更少，但其户均耕地面积更大，使农户从事农业生产的专业化程度更高。

③从农地转入情况看，25.39%的稻农家庭已转入土地扩大经营规模，其中江西稻农家庭转入土地的比例更高，为26.54%，而广东稻农家庭转入土地的比例较低，为22.44%。江西稻农家庭更依赖于农业收入，增加家庭收入的渠道相对较少，更倾向于通过扩大农业生产规模来增加家庭收入。

④从样本农户家庭劳动力资源及其配置看，被调查水稻种植户家庭户主平均年龄为52.48岁，江西稻农的平均年龄为54.03岁，高于被调查样本的平均年龄，表明其务农劳动力以中老年为主。而广东省样本家庭户主平均年龄为48.55岁，务农劳动力相对更年轻。被调查农户家庭务农劳动力人数平均为1.97人，江西省样本家庭务农劳动力平均人数比广东多0.04人，但两省差异不大。总体上看，务农劳动力兼业比例不高，被调查样本家庭务农劳动力平均兼业比例为26.80%，江西省样本农户家庭务农劳动力兼业比例低于平均水平，为21.2%，而广东省样本农户家庭务农劳动力兼业比例较高，为41.30%。66.20%的家庭有劳动力从事纯非农工作，江西略低，为62.70%；而75.10%的广东省样本农户家庭有劳动力从事纯非农工作，高于平均水平，表明广东较高的经济发展水平为其农村劳动力提供了丰富的非农就业岗位，而江西经济发展水平相对落后，农村劳动力非农就业机会缺乏，使务农劳动力兼业与从事纯非农工作的比例较低。

⑤从农业机械化使用情况看，被调查农户在水稻生产整地环节使用机械的比例平均为64.60%，江西的比例略高，为65.00%，广东的比例略低，为63.70%。水稻收割环节使用机械的比例平均为76.90%，江西省高于平均水平，为80.50%，广东省为67.40%。数据表明，江西水稻生产在劳动密集型环节的机械化水平高于广东。然而，从农户家庭农机投资情况看，广东稻农家庭在水稻劳动密集型生产环节农机投资平均比例高于江西水稻种植户。整体上，样本农户在水稻劳动密集型环节农机投资的比例较低，但投资整地机械的比例高于投资收割机械的比例。样本农户投资整地机械的比例平

均为 28.10％，投资收割机械的比例平均为 20.20％。江西被调查稻农家庭投资整地与收割机械的比例分别为 21.80％、10.80％，投资收割机械的比例比投资整地机械的比例低 10 个百分点。广东被调查稻农家庭投资整地与收割机械的比例接近，但均高于江西省样本农户对农机的投资比例，分别为 44.70％、44.50％。

为何广东被调查农户在水稻生产劳动密集型环节投资比例高于江西的情况下，其劳动密集型环节机械化水平却低于江西的样本农户？两省地理区位与农地细碎化程度差异是产生此种现象的关键因素。由于江西地处中部地区，首先，地理上靠近北方小麦主产区，有利于北方农机服务提供者跨区进入以提供农机服务，弥补本地农机服务供给不足的缺陷。其次，作为中国水稻主产区之一，水稻种植规模较大，众多农户将生产环节外包形成规模庞大的农业社会化服务需求市场，吸引省外农业机械化服务供给主体跨区进入江西提供水稻生产农机作业服务。因而在农机跨区服务的支持下，江西水稻生产劳动密集型环节农业机械化水平高于广东。最后，广东省样本农户所在区域的农地细碎化程度高于江西，对农业机械的应用构成阻碍。

此外，稻农对收割机械的投资比例远低于其对整地机械的投资比例，这与不同环节农业机械自身特性密切相关。首先，收割机械市场价格远高于整地机械市场价格，大部分农户家庭缺乏投资收割机械的能力。其次，分散与小规模经营的农户占主导地位，其经营规模难与收割机械作业能力所要求的规模相匹配，致使稻农家庭缺乏收割机械投资的积极性。最后，收割机械跨区服务发展迅速，收割环节农机社会化服务可获得性较高，众多小农户倾向于选择用外包服务来替代自购农机。

⑥从农机户参与农机服务供给情况看，农机服务供给参与在不同环节与不同省份之间存在较大差异。34.2％的拥有整地机械的稻农家庭已向其他农户提供整地机械服务；拥有收割机械的稻农参与收割机械服务供给的比例更高，为 44.3％。农机户向其他农户提供农机社会化服务能够提高农机利用效率，增加家庭收入。收割机械的作业效率比整地机械更高，需要更大的作业规模与其作业能力相匹配，并且收割机械需要提高利用频率才能加快其较高昂的投资成本的回收，因而拥有收割机的稻农参与收割机械社会化服务供给的比例更高。进一步分析发现，不同省份的农机户在农机服务供给参与方

面存在较大差异。江西拥有农机的稻农样本参与整地环节与收割环节农机服务的比例分别为21.3%与29.0%，而广东被调查农机户参与农机服务供给的比例更高，分别为50.4%与53.8%。这种差异主要源于家庭经营规模的不同。相对江西而言，广东被调查农户家庭经营规模普遍狭小，户均水田面积只有2.48亩，农机作业能力满足家庭农业生产需求绰绰有余，农户有更多的时间和精力向其他农户提供农机社会化服务。

⑦从水稻生产环节外包情况看，74.5%的稻农家庭将水稻收割环节外包给社会化服务供给方，而将整地环节外包的比例为46.8%，比收割环节外包比例低27.7%。从不同省份看，江西被调查稻农家庭将收割环节外包的比例为73.7%，将整地环节外包的比例为44.6%；而广东被调查稻农家庭在劳动密集型环节外包比例上均高于江西的稻农，其在收割与整地环节外包的比例分别为76.5%与52.6%。外包比例在不同环节间的显著差异是由稻农家庭对不同环节的机械投资差异造成的，稻农家庭对整地机械的投资比例高于对收割机械投资的比例。而外包比例在省份间的差异可由务农机会成本来解释。广东被调查农户家庭劳动力从事兼业与纯非农工作的比例高于江西稻农，因而其务农机会成本更大，使广东稻农整体上更倾向于将水稻生产环节外包。

进一步从水稻生产劳动密集型外包方式看，将生产环节外包的农户家庭中，在收割环节雇请人工的比例高于在整地环节雇请人工的比例。将整地环节外包的农户中，有13.7%的家庭雇请了人工，在收割环节这一比例为23.5%。广东被调查样本中已将生产环节外包的农户在整地环节与收割环节雇请人工的比例分别为30.0%与53.4%，而江西被调查农户在整地与收割环节雇请人工的比例比广东低，分别为6.2%与11.5%。在水稻收割季节，台风、强降雨等灾害天气活动对水稻生产活动影响较大，易造成水稻收割难度增大以及水稻产量损失，因而在收割机械服务供给主体还未进入农业社会化服务市场开始提供收割服务之前，部分农户已开始雇请人工收割。而广东等沿海地区台风活动频繁，受台风灾害影响更大，致使其稻农在收割环节雇请人工的比例高于江西。此外，广东农地细碎化程度较高，抑制了农机应用，使有外包需求的稻农家庭采取雇请人工的方式替代农机服务，进一步提高广东样本农户在劳动密集型环节雇请人工的比例。

从外包服务使用成本看，总体上雇工价格为140.05元/(人·天)，而江西农业生产雇工价格相对要低，为130.21元/(人·天)，广东农业生产雇工价格高于平均水平，为165.37元/(人·天)，比江西高出27%。雇用农业机械服务平均费用为110.88元/亩，江西为101.83元/亩，广东为135.78元/亩，比江西高33.34%。表明广东稻农家庭农地小规模与细碎化程度更高的特征抬升了农机服务使用成本，并且广东经济发达，农业劳动力兼业比例较高，其务农机会成本上升，使其农业生产人工成本相对较高。

(2) 不同经营规模农户农机使用特征。据表4-2可知，虽然样本农户家庭水田经营规模平均为10.82亩，但71.67%的样本家庭水田经营规模在5亩及以下，表明小规模经营仍占主导地位。由表4-3可见，水田经营规模在5亩及以下的稻农家庭使用整地机械的比例为60.41%，而水田面积在5亩以上的稻农家庭使用整地机械的比例在70%以上，其中水田面积在15~20亩的样本农户家庭使用整地机械的比例高达86.27%，表明总体上经营规模越大，样本农户家庭在水稻生产整地环节使用机械的比例越高。较大的经营规模需要使用农业机械缓解劳动力不足的约束，或者满足农户对闲暇偏好的追求。而传统生产方式虽能够胜任较小经营规模的生产活动，但阻碍较小经营规模的农户使用农业机械。

表4-3　不同规模稻农水稻整地环节生产机械化情况

面积（亩）	全体样本		江西省样本		广东省样本	
	户数（户）	比例（%）	户数（户）	比例（%）	户数（户）	比例（%）
(0, 5]	1 432	60.41	920	58.37	512	64.06
(5, 10]	292	70.21	258	72.48	34	52.94
(10, 15]	90	81.11	84	82.14	6	66.67
(15, 20]	51	86.27	47	85.11	4	100.00
>20	133	78.20	130	78.46	3	66.67
总体	1 998	64.61	1 439	64.98	559	63.69

数据来源：课题组于2016年对粤赣两省水稻种植户的调查。

由表4-4可见，总体上，5亩及以下的样本农户在收割环节使用机械的比例为71.84%，而5亩以上的样本农户在收割环节使用机械的比例均在86.00%以上，其中20亩以上的样本农户使用收割机械的比例为91.73%，同样表明规模越大，农户家庭在收割环节使用机械的可能性越大。

表 4-4　不同规模稻农水稻收割环节生产机械化情况

面积（亩）	全体样本		江西省样本		广东省样本	
	户数（户）	比例（%）	户数（户）	比例（%）	户数（户）	比例（%）
(0，5]	1 432	71.84	920	74.89	512	66.34
(5，10]	292	89.04	258	91.47	34	70.59
(10，15]	90	88.89	84	88.10	6	100.00
(15，20]	51	86.27	47	85.11	4	100.00
>20	133	91.73	130	92.31	3	66.67
总体	1 998	76.82	1 439	80.54	559	67.20

数据来源：课题组于 2016 年对粤赣两省水稻种植户的调查。

（3）不同经营规模农户农业生产环节外包行为特征。由表 4-5 可知，从总体上看，水田面积在 5～10 亩的农户家庭将整地环节生产外包的比例相对较低，为 41.78%，在 5 亩及以下和 10 亩以上的农户家庭将整地环节生产外包的比例更高，均在 43.33% 及以上。江西省水田面积在 5～10 亩的样本农户将整地环节生产外包的比例相对较低，为 43.80%，规模在 15～20 亩、20 亩以上的样本农户将整地环节生产外包的比例相对较高，分别为 48.94%、47.69%。广东省水田面积在 5～10 亩的农户将整地环节生产外包的比例更低，为 26.47%，而其他规模的样本农户将整地环节生产外包的比例均在 53.71% 及以上。表明样本农户将整地环节生产外包的可能性并不是单纯地随着规模扩大而增加，而是随着规模增加而先下降再上升，与经营规模呈现"U"形关系。

表 4-5　不同规模稻农水稻整地环节生产外包情况

面积（亩）	全体样本		江西省样本		广东省样本	
	户数（户）	比例（%）	户数（户）	比例（%）	户数（户）	比例（%）
(0，5]	1 432	47.77	920	44.46	512	53.71
(5，10]	292	41.78	258	43.80	34	26.47
(10，15]	90	43.33	84	41.67	6	66.67
(15，20]	51	50.98	47	48.94	4	75.00
>20	133	48.12	130	47.69	3	66.67
总体	1 998	46.80	1 439	44.61	559	52.42

数据来源：课题组于 2016 年对粤赣两省水稻种植户的调查。

由表 4-6 可知，5 亩及以下的样本农户将生产环节外包的比例最低，为 70.60%，随着经营规模上升，将收割环节外包的样本农户的比例逐渐上升。经营规模为 5~10 亩与 10~15 亩的样本农户将收割环节外包的比例分别为 83.22%、86.67%，但当经营规模继续增加时，样本农户将收割环节外包的比例却在逐步下降。经营规模为 15~20 亩与 20 亩以上的样本农户将收割环节外包的比例分别为 84.31%、82.71%。显示经营规模与收割环节外包的可能性呈"倒 U"形关系。

表 4-6　不同规模稻农水稻收割环节生产外包情况

面积（亩）	全体样本		江西省样本		广东省样本	
	户数（户）	比例（%）	户数（户）	比例（%）	户数（户）	比例（%）
(0，5]	1 432	70.60	920	68.37	512	74.61
(5，10]	292	83.22	258	82.17	34	91.18
(10，15]	90	86.67	84	86.90	6	83.33
(15，20]	51	84.31	47	82.98	4	100.00
>20	133	82.71	130	83.08	3	66.67
总体	1 998	74.32	1 439	73.73	559	75.85

数据来源：课题组于 2016 年对粤赣两省水稻种植户的调查。

结合表 4-5 与表 4-6 可见，水稻收割环节外包比例比整地环节高 27.52%。为何同为劳动密集型环节，外包比例却会有这么大的差异？主要是由于整地机械市场价格较低，大部分农户具有购置整地机械的能力，且在农机购置补贴政策的激励下，稻农中拥有整地机械的比例更高，而稻农在相应环节拥有机械将会减少甚至替代其对该环节社会化服务的需求。因此，整地环节外包的比例普遍低于收割环节。

（4）不同经营规模农户农机投资行为特征。由表 4-7 可知，水田面积在 5 亩及以下的样本农户家庭购置整地机械的比例为 24.79%，经营规模为 5~10 亩、10~15 亩、15~20 亩的样本农户投资整地机械的比例分别为 31.51%、37.78%、35.29%，投资整地机械比例最高的为经营规模在 20 亩以上的农户家庭，比例为 46.62%。表明随着经营规模增加，样本农户家庭投资整地机械的比例不断提高。

表 4-7　不同规模稻农水稻整地机械投资情况

面积（亩）	全体样本		江西省样本		广东省样本	
	户数（户）	比例（%）	户数（户）	比例（%）	户数（户）	比例（%）
（0，5]	1 432	24.79	920	13.91	512	44.34
（5，10]	292	31.51	258	31.01	34	35.29
（10，15]	90	37.78	84	34.52	6	83.33
（15，20]	51	35.29	47	31.91	4	75.00
＞20	133	46.62	130	47.69	3	0.00
总体	1 998	28.08	1 439	21.82	559	44.19

数据来源：课题组于 2016 年对粤赣两省水稻种植户的调查。

由表 4-8 可知，经营规模在 10～15 亩与 15～20 亩的样本农户家庭投资收割机械比例较低，分别为 8.89%、11.76%，而 10 亩以下与 20 亩以上的样本农户家庭投资收割机械的比例相对较高，其中规模在 20 亩以上的样本农户家庭投资收割机械的比例最高，为 30.83%。表明随着经营规模的扩大，样本农户投资收割机械的可能性先下降后增加，两者呈现"U"形关系，与样本农户在收割环节外包行为特征相吻合。这揭示了样本农户家庭在不同劳动密集型环节的机械投资行为具有较大差异。

表 4-8　不同规模稻农水稻收割机械投资情况

面积（亩）	全体样本		江西省样本		广东省样本	
	户数（户）	比例（%）	户数（户）	比例（%）	户数（户）	比例（%）
（0，5]	1 432	20.74	920	7.72	512	44.14
（5，10]	292	17.47	258	12.40	34	55.88
（10，15]	90	8.89	84	7.14	6	33.33
（15，20]	51	11.76	47	10.64	4	25.00
＞20	133	30.83	130	31.54	3	0.00
总体	1 998	20.17	1 439	10.77	559	44.36

数据来源：课题组于 2016 年对粤赣两省水稻种植户的调查。

（5）不同经营规模农户农机服务供给参与特征。分析农户参与农机服务供给的前提是农户家庭已经拥有相关农业机械，因而本研究以已购置相关农业机械的农户为分析农机服务供给参与行为的样本。由表 4-9 可见，总体上，经营规模在 5～10 亩和 10～15 亩的样本农户参与整地机械服务供给的比例较低，分别为 10.99%、17.65%。而 5 亩及以下、15～20 亩、20 亩以上的稻农家庭参与整地机械服务供给的比例相对更高，分别为 41.01%、27.78%、37.10%。

表 4 - 9　不同规模稻农水稻整地机械服务供给参与情况

面积（亩）	全体样本		江西省样本		广东省样本	
	户数（户）	比例（%）	户数（户）	比例（%）	户数（户）	比例（%）
(0，5]	356	41.01	128	22.66	228	51.32
(5，10]	91	10.99	80	10.00	11	18.18
(10，15]	34	17.65	29	10.34	5	60.00
(15，20]	18	27.78	15	26.67	3	33.33
>20	62	37.10	62	37.10		
总体	561	33.87	314	21.34	246	50.00

数据来源：课题组于 2016 年对粤赣两省水稻种植户的调查。

从收割环节看，经营规模为 10～15 亩的样本农户向其他农户提供收割机械服务的比例最低，为 12.50%，而其他经营规模的样本农户提供收割机械服务的比例相对更高，其中经营规模在 15 亩以上的样本农户提供收割机械服务的比例比 10 亩以下的样本农户更高。

表 4 - 10　不同规模稻农水稻收割机械服务供给参与情况

面积（亩）	全体样本		江西省样本		广东省样本	
	户数（户）	比例（%）	户数（户）	比例（%）	户数（户）	比例（%）
(0，5]	298	43.96	71	14.08	227	53.30
(5，10]	50	44.00	32	37.50	18	55.56
(10，15]	8	12.50	6	0.00	2	50.00
(15，20]	6	50.00	5	40.00	1	100.00
>20	41	51.22	41	51.22	0	0
总体	403	44.17	155	29.03	248	53.63

数据来源：课题组于 2016 年对粤赣两省水稻种植户的调查。

（6）不同经营规模农户外包方式特征。由表 4 - 11 可知，在整地环节外包方式选择方面，江西与广东两省样本农户在整地环节使用人工的比例差异较大。江西省样本农户在整地环节雇用人工的平均比例只有 6.23%，经营规模在 5 亩及以下、5～10 亩样本农户在整地环节使用人工的比例更低，分别为 4.65%、4.42%，规模为 10～15 亩的样本农户雇请人工来整地的比例略高，为 5.71%，而规模在 15～20 亩和 20 亩以上的样本农户在整地环节雇请人工的比例增加较多，分别为 13.04%、17.74%，表明随着经营规模的增加，样本农户在整地环节雇请人工的比例总体上是逐渐提高。而广东省样本农户在整地环节雇用人工的平均比例虽然较高，但雇请人工的比例呈现不规则的变动。

表 4 - 11　不同规模稻农在水稻整地环节使用人工情况

面积（亩）	全体样本		江西省样本		广东省样本	
	户数（户）	比例（%）	户数（户）	比例（%）	户数（户）	比例（%）
(0，5]	684	14.62	409	4.65	275	29.45
(5，10]	122	8.20	113	4.42	9	55.56
(10，15]	39	10.26	35	5.71	4	50.00
(15，20]	26	11.54	23	13.04	3	0.00
>20	64	17.19	62	17.74	2	0.00
总体	935	13.69	642	6.23	293	30.03

数据来源：课题组于 2016 年对粤赣两省水稻种植户的调查。

从收割环节外包方式看，经营规模在 5～10 亩的样本农户雇请人工的比例最低，而在 5 亩及以下和 10 亩以上的样本农户雇请人工的比例相对更高。由于 5 亩及以下的样本农户家庭主要收入来源于非农，务农机会成本较大，因而倾向于雇请人工以将更多的时间配置于非农领域。而 10 亩以上的样本农户由于经营规模较大，受到劳动力不足的约束，在水稻成熟时面临潜在自然风险造成的损失更大，因而在农业机械服务供给主体还未进入市场提供机械收割服务时，部分规模较大的农户会雇请人工收割，以加快农业生产进度，避免遭受潜在的损失。

表 4 - 12　不同规模稻农水稻收割环节雇请人工情况

面积（亩）	全体样本		江西省样本		广东省样本	
	户数（户）	比例（%）	户数（户）	比例（%）	户数（户）	比例（%）
(0，5]	1 012	27.17	629	10.49	383	54.57
(5，10]	243	10.70	212	6.60	31	38.71
(10，15]	78	19.23	73	17.81	5	40.00
(15，20]	43	18.60	39	12.82	4	75.00
>20	110	22.73	108	22.22	2	50.00
总体	1 486	23.49	1 061	11.50	425	53.41

数据来源：课题组于 2016 年对粤赣两省水稻种植户的调查。

4.3　本章小结

　　本章首先从宏观层面分析了粤赣两省农业与农村经济发展状况；其次，介绍了本研究问卷调查的抽样方法；然后，从微观层面详细阐述了被调查样本的特征；最后，从农户家庭经营规模、外包行为、农机投资差异、农机服务供给参与行为、外包方式选择等变量进行交叉分析，对调查区域与调查样本特征有更丰富的认知，为下文实证分析奠定了良好的基础。宏观区域层面上，江西作为粮食主产省份，人均水稻播种面积高于全国平均水平，农户对农业收入的依赖程度相对更高，其第一产业就业人数占总就业人数比重不仅高于广东，还高于全国平均水平，农户家庭经营性收入占比也略高于全国平均水平，远高于广东农户家庭经营性收入占比。江西与广东农户水稻单产低于全国平均水平，而广东农户水稻亩产又低于江西。广东对农业机械的投入水平高于江西，农机跨区作业服务在江西农业生产中扮演了重要角色。

　　从微观层面看，一方面，与宏观统计数据相吻合的是，江西省样本农户户均水田面积比广东省样本多；另一方面，江西省样本农户转入土地的比例更高，而广东省样本农户家庭土地细碎化程度更高，但其农业劳动力老龄化趋势没有江西严重，江西样本家庭户主平均年龄高于广东省样本。广东省样本农户家庭劳动力非农就业转移比例与务农劳动力兼业比例相对江西省更高。江西省样本农户在劳动密集型生产环节的机械化水平高于广东省样本农户，而广东省样本农户在劳动密集型环节雇请人工的比例高于江西省样本农户。广东省样本农户在整地与收割环节投资农业机械的比例高于江西省样本农户，且广东省样本农户参与农机服务供给的比例更高。由于广东省被调查区域农村劳动力转移程度相对较高，一定程度上导致其雇工价格与收割机械服务费用高于江西省。

5 农地确权对水稻劳动密集型生产环节外包的影响[*]

农户将生产环节外包给农业社会化服务供给方,有助于提高家庭农业生产效率。本章利用粤赣水稻种植户调查数据,以农机投资为中介变量构建中介效应模型,实证分析转入农地的稻农将水稻劳动密集型生产环节外包的影响因素,探索农地确权影响水稻劳动密集型生产环节外包的传导机制。

5.1 引言

发展农业社会化服务是我国实现农业现代化与乡村振兴的必经之路,是破解"如何种地"问题的关键所在。在农村劳动力非农转移背景下,一方面,中老年与妇女在我国农业劳动力中占比上升,农业劳动力呈弱质化趋势(李旻、赵连阁,2010);另一方面,农村劳动力转移促进农地流转,适度规模经营水平不断提高(赵光、李放,2012),对生产环节外包服务需求增加(申红芳等,2015)。农业社会化服务供给的形成与发展,有助于解决弱质性劳动力农业生产自我服务能力缺乏与规模经营主体家庭农业劳动力不足的问题,促进农业生产效率提升。但是,农业社会化服务的发展要以农户将生产环节外包,并形成匹配于农业社会化服务供给主体的需求规模为前提,才能诱导农业社会化服务供给生成(罗必良,2017)。因而,研究农业生产环节外包对于促进农业社会化服务发展具有重要意义。

水稻作为我国三大主要粮食作物之一,其生产环节外包服务发展是农业

---

* 本章原载于《广东财经大学学报》2018 年第 4 期。

社会化服务体系的重要组成部分。水稻生产环节主要包括整地、育秧、栽插、病虫害防治与收割等环节，分为劳动密集型环节、半劳动力半技术密集型环节、技术密集型环节三类（王志刚等，2011）。既有文献已对水稻生产环节外包行为及其影响因素进行了讨论。一是水稻生产环节外包作为一种可在市场上交易的服务，其服务价格影响农户对生产环节外包服务需求，服务价格越高，农户将生产环节外包的可能性越低。相关实证研究证明，生产环节外包价格不仅对劳动密集型环节外包有显著负向影响（申红芳等，2015），而且对技术密集型环节中的育秧环节外包也有显著抑制作用（展进涛等，2016）。二是水稻种植作为一项生产活动，是多种要素综合利用的结果，即水稻生产为劳动力、土地、资本等要素投入的函数，这些投入要素的特征对稻农的生产外包行为产生影响。首先，从劳动力要素角度而言，外出务工人员越多、务农劳动力越少，稻农对农业生产环节外包需求越高（王志刚等，2011）；户主年龄越大，稻农对技术密集型环节外包服务需求越低（蔡荣、蔡书凯，2014）；随着城镇化进程的推进，农户内部发生分化，农业收入对资源禀赋不同农户的重要性存在差异，致使家庭收入结构中农业收入的重要性与水稻生产环节外包行为密切相关。实证研究发现，以农为主的稻农的水稻生产环节外包行为受其年龄与劳动力数量影响显著，而这两方面因素对以农为辅的稻农影响不显著（董欢，2017）；进一步提高农户家庭非农就业程度，增加稻农家庭非农就业收入，有助于提高稻农将生产环节外包的概率（王建英等，2015）。其次，从土地要素角度而言，土地破碎度越高、经营规模越小、所处地形为非平原，稻农将生产环节外包的可能性越低（张燕媛、张忠军，2016）。也有学者研究表明，经营规模与外包行为并非简单线性关系，而是呈"倒 U"形关系（胡新艳等，2015）。最后，从资本要素角度而言，农业机械作为农业生产性固定投资，农户拥有相应环节的农业机械，使得该环节的生产活动主要由家庭完成，对该环节外包服务需求形成替代，降低其对外包服务的需求（陈江华等，2016）。

　　既有研究成果丰硕，但关于经营规模与生产服务外包行为关系的结论存在分歧。比如，胡新艳等（2015）基于广东省农户生产环节外包行为的研究，认为经营规模与所有劳动密集型环节外包存在"倒 U"形关系，农户经营规模越小，对生产环节外包服务需求越低；而蔡键（2017）基于华北平原小麦种植户调查数据研究表明，在劳动密集型环节，经营规模小的农户投资农业机械并不是理性选择，不具有经济性，导致其对农业机械服务外包需求较高。

然而，鲜有文献将生产环节外包与当前正在实施的农地确权政策结合起来。有关农地确权的文献也多集中于对农地确权与农地流转关系（程令国等，2016；胡新艳、罗必良，2016）、农地确权与农地长期投资关系的探讨（应瑞瑶等，2018；林文声、王志刚，2018），并没有将服务外包纳入农地确权制度变革效应的分析框架与讨论范畴。

当前，新一轮农地确权已在全国实施，以期通过明晰农地产权与提高农地产权强度来促进农地流转，实现农地适度规模经营。农地经营规模不仅影响农户农业机械投资行为（林万龙、孙翠清，2007），还在一定程度上决定农户外包服务需求（纪月清、王许沁，2016），而土地转入方经营规模稳定性受农地确权影响（林文声，2017），进而作用于农户外包服务需求。换言之，农地确权可能通过压缩农地调整空间与增强农地排他性能力从而提升转入方经营规模稳定性预期，进而激励其投资农机，从而间接影响生产环节外包行为。否则，由于农业机械较强的资产专用性与投资沉没成本，经营规模不稳定将抑制农户农机投资行为，进而增加其对外包服务的需求。

已有文献研究表明，以农地"大调整"表征的土地产权不稳定性不会造成家庭承包地面积的减少，只会导致承包地的地块位置发生变化，并不影响农机这类与地块不相连的长期投资的收益，因而不会对农户家庭的农机投资产生影响。但是，"减人减地"式的"小调整"使人口减少的农户家庭承包地规模减小，农户所投资的农业机械利用率下降，导致农户家庭对与特定地块不相连的长期投资受到抑制（许庆、章元，2005）。可见，转入土地扩大家庭生产规模的农户由于所转入地块经营权存在不稳定的可能，使其家庭经营规模存在变化的风险，进而对其农机投资行为产生影响，最终作用于农户家庭生产环节外包需求。因此，本章以转入土地扩大水稻种植规模的农户（以下简称稻农）为研究对象，以劳动密集型环节（整地环节与收割环节）的服务外包为研究内容，从农地确权视角分析其对农业生产劳动密集型环节外包行为的影响。

5.2　研究假说

本章主要基于转入方视角进行分析，引入农机投资考察农地确权对水稻劳动密集型生产环节外包行为的作用机制，构建"农地确权—农机投资—生产外包"的理论分析框架，因而需要在理论上阐明农地确权对农机投资的影响，并通过农机投资这一传导机制对水稻劳动密集型生产环节外包产生影响。

5.2.1　农地确权对农机投资的影响

产权限定行为主体行动选择集合，产权明晰有助于降低不确定性对其行为预期的影响，使其努力程度与行动收益一致，进而激励其实施使收益最大化的长期行为。农地确权通过增强农地转入方经营权稳定性预期，激励其对农机进行投资。虽然农户通过转入土地扩大生产经营规模，意味着家庭农业生产专业化程度提高，其投资农业机械的可能性增强（林万龙、孙翠清，2007；王全忠、周宏，2017），但所转入土地的经营权稳定性预期对其农机投资决策起着重要作用。农户所转入的农地经过确权，使该地块收益的独享权与排他的使用权的保障程度提高，稳定其农业规模经营收益预期，增强其在未来市场获取当前投资收益的信心，进而激励其对农业机械进行投资；否则，在经营权不稳定的情况下，所转入农地可能被转出方提前收回，导致转入方因农业机械较高的资产专用性而缺乏投资积极性。

农地确权通过以下几方面提升农户对转入地块的经营权稳定性预期，一是转出方的农地经过确权，所转出的土地至少在第二轮承包期结束前不存在被调整的可能①，使农村土地承包经营权进一步固化，增强了承包方在土地征收中的谈判力，也提高了承包方抵制村集体对其土地流转行为干预的能力，进而提升承包经营关系稳定性（程令国等，2016；林文声等，2017）；因而转出方经过确权的土地的承包经营权稳定性在法律上得到较大程度的保

---

① 习近平总书记在党的十九大报告中又明确宣布："保持土地承包关系稳定并长久不变，第二轮土地承包到期后再延长三十年。"

障,为土地流转双方签订期限较长的流转合约提供了基础;换言之,转入经过确权的农地使转入方具备稳定经营权预期的基础。二是农地确权解决了频繁调整的农村承包地长期存在的"面积不准、四至不清、空间不明"的问题,不但使产权主体明晰,而且清晰地界定了产权边界,明确了产权主体的权能范围,使农户对承包地的排他性权利提升(罗明忠等,2017)。因而在农户家庭承包地的承包权与经营权获得有效的法律赋权之后,土地产权强度提高,有助于减少农地流转过程中的不确定性,避免农地流转双方可能由此产生的纠纷,降低农地流转交易费用(林文声等,2017),规范农地流转的交易行为(罗必良,2016),抑制农地流转双方的机会主义行为。三是农地确权使农地产权得到清晰界定,减少产权模糊导致部分财产权利进入公共领域而产生租值耗散的情况,激励转入方对农地进行投资。因此,在其他条件不变的情况下,农地确权提高农地产权排他性能力,使转入方的土地经营规模与土地经营收益预期更稳定,激励其对农机进行投资;据此,提出本研究的第一个研究假说:

H1:农地确权对转入方投资水稻生产机械有正向影响。

5.2.2 农机投资对水稻劳动密集型生产环节外包的影响

首先,农业机械应用与劳动密集型环节外包服务需求存在替代关系。在农村劳动力向城镇与非农产业转移背景下,务农劳动力减少,且呈现弱质化趋势,使家庭农业生产面临劳动力不足的约束。为化解劳动力转移对农业生产带来的不利影响,提高农业生产效率,同时也是在农业用工成本与农业劳动力机会成本上升的推动下,农户对农业机械作业的需求增加(纪月清等,2013)。而满足农户对农业机械作业需求的途径主要为自购农机与引进农业机械服务(洪炜杰等,2017);农户家庭对农机进行投资与使用能够有效替代家庭农业劳动力投入(周宏等,2014),并减少对农机作业服务需求,甚至产生完全替代的作用。然而,由于农户家庭经营规模普遍狭小,难以匹配农机作业能力需求,导致农户投资农机比例较低,使农户农机作业需求主要通过引入农机社会化服务解决(王建英,2016)。

其次,在农户家庭生产达到一定规模时,农机投资并不会完全替代农机社会化服务需求。由于不同环节农业机械的作业能力存在较大差异,要求匹配于其作业能力的经营规模不同；在农户已投资购置劳动密集型环节农业机械的条件下，当其经营规模超出自有农机作业能力时，农户依然会引入农机社会化服务来完成农业生产活动，只是对农业机械服务的需求程度低于没有投资购置农机时的状态。据此，提出本研究的第二个研究假说：

H2：农机投资减少稻农对水稻劳动密集型生产环节外包服务需求。

承租方转入农地扩大农业生产规模，为提高农业生产效率，投资农业生产机械的激励增强，但农地未确权之前，土地调整等不确定性因素使所转入地块经营权预期不稳定，承租方经营规模存在缩小的可能。预期到这种情形可能发生，为避免专用性资产强的农机投资面临较高的沉没成本，承租方对农机进行投资的可能性降低（陈江华等，2018）。农地确权之后，土地调整的合法性丧失，土地产权排他性能力增强，承租方对所转入地块的经营权稳定性预期提升，家庭经营规模也更稳定，其对农机投资的可能性提高。农户投资农机之后，家庭农业生产能力增强，农业生产效率提高，对相应生产环节外包服务需求下降，甚至被自有农机完全替代。据此，提出本研究的第三个研究假说：

H3：农地确权通过激励转入方投资水稻生产机械而对稻农水稻生产环节外包行为具有负向影响。

5.3 数据说明与变量设置

5.3.1 数据说明

本章以转入土地扩大水稻经营规模的农户为研究对象，分析农地确权对其生产环节外包行为的影响。课题组于 2016 年 7 月至 8 月在江西与广东两省采用分层随机抽样的方法对农户进行问卷调查，共获得有效问卷 3 082 份，其中从事水稻种植的农户为 1 998 户，占比总样本比例的 64.83%。转入土地扩大水稻经营规模的农户有 508 户，占稻农总体样本的比例为 25.43%，其中江西转入土地的稻农有 382 户，占转入地块稻农样本的比例为 75.20%，广东转入土地的稻农有 126 户，占转入地块稻农样本的比例为 24.80%。

5.3.2　变量设置

（1）被解释变量。本章以转入土地扩大水稻经营规模的稻农为研究样本，分析其水稻生产劳动密集型环节外包行为，故被解释变量包括整地环节是否外包与收割环节是否外包两个变量，为二分类变量（0 表示无，1 表示有）。本章只将整地与收割两个劳动密集型环节纳入考察范畴，而不包括栽插环节，一是因为水稻栽插环节机械化率极低，插秧机技术还需继续改进，目前适用性差。与整地环节 64.98%、收割环节 80.54% 的农户采用机械作业相比，栽插环节只有 2.50% 的农户采用了机械。随着抛秧技术的发展与普及，栽插环节的人工作业效率较高，不仅能够有效替代农户对插秧机械作业的需求，也节约了家庭农业生产支出。二是因为栽插环节属于半劳动半技术密集型环节（王志刚等，2011），秧苗的行距与间距及植株大小对水稻产量有较大的影响，而整地与收割环节生产活动对水稻生长的影响较小，进而对水稻产量的影响较低。

（2）核心解释变量。本章核心解释变量为农地确权与农机投资，在理论分析基础上，以农机投资为中介变量探索农地确权对生产环节外包的作用机制。

①农地确权。农地确权是本章的关键解释变量，1 表示稻农所在村庄的农地已经确权到户，而 0 表示农地没有确权到户。从表 5 - 1 可知，66.9% 的样本农户家庭的承包地已经确权。

②农机投资。农机投资分为整地机械投资与收割机械投资，为二分类变量，1 表示已投资机械，0 表示未投资机械。在整地与收割环节，稻农所投资的自有农机将会在一定范围内替代其对农业生产外包服务需求。收割机械市场价格远高于整地机械，使大部分稻农缺乏投资收割机械的能力，导致拥有整地机械的农户的比例高于拥有收割机械的农户的比例。此外，收割机械作业效率也高于整地机械，需要匹配于其作业能力的水田规模远大于整地机械所要求的匹配规模。

（3）控制变量。为更准确地估计农地确权对转入方劳动密集型环节外包行为的影响，本章还控制了家庭劳动力禀赋特征、户主个体特征、土地禀赋特征与外部环境特征的影响，从以上方面设置控制变量。

①家庭劳动力禀赋特征。参考已有文献（王志刚，2011；董欢，2017），本章主要从劳动力要素与资本要素两方面来测度家庭劳动力禀赋特征，其中选取家庭务农人数、务农劳动力兼业比例、非农劳动力转移比例来衡量家庭劳动力要素，选择家庭收入与农业收入占家庭收入比例来反映稻农家庭收入特征。务农人数越多，稻农家庭在农业生产方面面临的劳动力束缚程度越低，将生产环节外包的可能性越低；而务农劳动力兼业与家庭劳动力转移到非农领域成为纯非农就业劳动力，可能使家庭在农忙季节面临一定程度的劳动力短缺约束，进而提高稻农采用劳动密集型环节外包服务的可能性。稻农家庭收入越高，越有能力支付使用生产环节外包服务成本，而农业收入占比决定农业生产机会成本的高低，可能对稻农生产环节外包行为产生影响。

②户主个体特征。参考已有文献（蔡荣等，2014），本章主要采用户主性别、年龄、文化程度与农机购置补贴政策满意度来衡量户主个体特征。相对于女性，男性务农机会成本更高，引入外包服务可使其将更多的劳动时间配置于比较收益更高的非农领域，提高家庭收入；在务农劳动力老龄化背景下，年龄较大的稻农缺乏农机操作技能，且体能状况难以适应高强度农业生产活动的要求，因而年龄越大对生产环节外包服务需求越高。一般而言，文化程度较高的稻农的务农机会成本更大，更注重采用先进的生产方式来提高农业生产效率，其将劳动密集型环节外包的可能性越大。政府增强农机购置补贴投入力度，能够有效降低农机购置成本，进而提高稻农对农机购置补贴政策的满意度，激励其投资农业机械。

③土地禀赋特征。水田规模是决定稻农采用劳动密集型生产环节外包服务的重要因素，而土地的细碎化不仅限制农机应用，还推高生产环节外包成本，抑制稻农采用生产环节外包行为。因此，在参考已有研究基础上（胡新艳等，2015），本章主要用稻农家庭水田经营面积（取对数）与水田破碎度来测量土地禀赋特征。为考察经营规模与农户生产环节外包行为是否存在非线性关系，本章将水田面积平方项（取对数）纳入模型中，水田破碎度用地块数与水田面积之比表示，数值越大，说明稻农所经营的土地细碎化程度越高。

④外部环境特征。参考已有研究（申红芳，2015），本章采用雇工成本、收割机服务价格、地形来测量外部环境特征。雇工成本与收割机服务价格越

高，意味着农业生产环节外包服务成本越高，可能抑制稻农选择外包服务。相对于平原地区，丘陵与山区农村的农业社会化服务市场发育程度低，不平坦地形不利于农业机械应用，因而丘陵与山区的稻农将生产环节外包的可能性比平原地区稻农低。

表 5-1 变量含义、赋值及描述性统计分析

变量名称	变量定义与赋值	均值	方差
被解释变量			
整地环节有无外包	1＝有外包；0＝没有外包	0.479	0.500
收割环节有无外包	1＝有外包；0＝没有外包	0.754	0.431
关键解释变量			
是否确权	1＝已确权；0＝未确权	0.669	0.471
中介变量			
整地机械投资	1＝有；0＝无	0.358	0.479
收割机械投资	1＝有；0＝无	0.242	0.429
土地禀赋特征			
水田面积（取对数）	水稻种植面积（亩）	30.409	82.602
水田面积平方（取对数）	水稻种植面积的平方	7 732.045	54 654.310
水田破碎度	水田地块数与面积之比	1.281	0.993
家庭禀赋特征			
务农人数	家庭从事农业生产活动的人数	2.091	0.861
务农劳动力兼业比例	兼业农民与务农劳动力总数之比	0.242	0.359
非农劳动力转移比例	纯非农人员与家庭劳动力总数之比	0.314	0.262
家庭收入	1＝1 万元以下；2＝1 万～3 万元；3＝3 万～5 万元；4＝5 万～10 万元；5＝10 万元以上	3.104	1.173
户主个体特征			
户主性别	1＝女性；2＝男性	1.709	0.455
户主年龄	实际数值（岁）	52.11	10.678
户主文化程度			
高中以上	1＝高中以上；0＝其他	0.028	0.164
高中或中专	1＝高中或中专；0＝其他	0.094	0.293
初中	1＝初中；0＝其他	0.316	0.466
小学及以下	1＝小学及以下；0＝其他	0.561	0.497
农机购置补贴政策满意度	1＝很不满意；2＝不太满意；3＝一般；4＝比较满意；5＝非常满意	3.916	1.165

（续）

变量名称	变量定义与赋值	均值	方差
外部环境特征			
雇工成本	雇一个农业劳动力的日支出（元/天）	138.632	41.035
收割机服务价格	雇收割机的费用（元/亩）	107.159	26.394
县地经济发展水平	1＝很低；2＝相对低；3＝中游；4＝比较高；5＝很高	3.363	0.838
村庄与镇的距离	所在村庄到所属乡镇的距离（千米）	5.357	5.343
山区	1＝山区；0＝其他	0.079	0.269
丘陵	1＝丘陵；0＝其他	0.689	0.463
平原	1＝平原；0＝其他	0.232	0.423

5.4 样本描述性统计分析

5.4.1 不同农业生产环节的外包情况

由表 5-1 可见，由于整地机械的市场价格远低于收割机械，转入地块的稻农家庭投资整地机械的比例高出投资收割机械 11.62％，致使收割环节外包的比例高于整地环节近 30％，为本章的研究假说提供了描述性证据。

66.93％的被访者表示其转入的地块已经确权到地；稻农家庭户主文化程度整体水平较低，以初中及小学为主，且以中老年为主，平均年龄达到 52 岁，表明在城镇化背景下，随着农村劳动力转移，文化程度较低的中老年成为农业生产主力军。转入方平均生产规模上升，其家庭水田平均面积为 30 亩，但超过一半家庭的农业收入占比在 50％以下，同时水田细碎化程度较高，水田破碎度大于 1。转入方家庭务农劳动力平均为 2.1 人，务农劳动力平均兼业比例不高，为 24.20％，非农劳动力平均转移比例为 31.40％。雇用一个劳动力平均费用为 138.6 元/天，而收割机服务价格平均为 107.20 元/亩，由于人工作业效率低，在不应用机械的情况下，纯人工一天都难以完成收割一亩水稻的工作量，表明农机作业成本低于雇工费用，也表明在农村劳动力转移背景下，农村务农劳动力减少，使农业用工成本上升。

5.4.2 不同年龄、经营规模的稻农家庭农机投资情况

进一步对稻农家庭经营规模、户主年龄与水稻生产机械投资的交叉分析发现（表5-2），随着年龄的增大，稻农投资整地与收割机械的比例下降，未投资农机的比例在不断提高；35岁以下稻农投资整地机械的比例高达51.72%，35～45岁稻农投资整地机械的比例为48.91%；35岁以下稻农投资收割机械的比例最高（31.03%），其次为45～55岁稻农（28.23%）。

水田经营规模在5亩及以下的小农户仍属大多数，随着经营规模扩大，稻农投资整地机械比例逐渐提高。经营规模在20亩以上稻农投资整地机械比例最高，为48.74%；但在收割环节，经营规模与机械投资呈现"U"形关系，水田规模较小和较大的稻农投资机械比例较高，而水田规模一般的稻农投资收割机械比例较低。5亩及以下稻农投资收割机械比例为27.66%，20亩以上稻农投资收割机械比例为33.61%，而经营规模为10～15亩与15～20亩稻农投资收割机械比例分别为7.32%、5.88%，表明规模最小的那部分稻农投资收割机械的比例仍低于规模最大的那部分稻农。与整地机械相比，收割机械作业效率更高，要求与其相匹配的经营规模更大，同时利用收割机械提供收割外包服务能够有效增加家庭收入。

表5-2　稻农年龄、经营规模与机械投资的交叉分析

指标	选项	未投资整地机械		投资整地机械	
		频数	占比（%）	频数	占比（%）
年龄	35岁及以下	14	48.28	15	51.72
	35～45岁	47	51.09	45	48.91
	45～55岁	132	63.16	77	36.84
	55～65岁	52	73.24	19	26.76
	65岁以上	81	75.70	26	24.30
面积	5亩及以下	165	70.21	70	29.79
	5～10亩	57	72.15	22	27.85
	10～15亩	24	58.54	17	41.46
	15～20亩	19	55.88	15	44.12
	20亩以上	61	51.26	58	48.74

（续）

指标	选项	未投资收割机械		投资收割机械	
		频数	占比（%）	频数	占比（%）
年龄	35 岁及以下	20	68.97	9	31.03
	35~45 岁	69	75.00	23	25.00
	45~55 岁	150	71.77	59	28.23
	55~65 岁	58	81.69	13	18.31
	65 岁以上	88	82.24	19	17.76
面积	5 亩及以下	170	72.34	65	27.66
	5~10 亩	66	83.54	13	16.46
	10~15 亩	38	92.68	3	7.32
	15~20 亩	32	94.12	2	5.88
	20 亩以上	79	66.39	40	33.61

数据来源：课题组于 2016 年对粤赣两省水稻种植户的调查。

5.4.3 农地确权与农业生产环节外包的交叉分析

如表 5-3 所示，转入已经确权地块的稻农将整地环节与收割环节外包的比例分别为 43.95% 与 72.78%，而转入未确权地块的稻农将整地环节与收割环节外包的比例分别为 55.95%、80.72%，相对于未确权的农户，已确权的稻农将整地与收割环节外包的概率反而降低。进一步对确权与生产环节是否外包进行 t 检验，结果显示，这种差异具有统计显著性。据此可初步判断，农地确权的实施对水稻劳动密集型生产环节外包行为具有抑制作用。

表 5-3 转入方农地确权与劳动密集型环节外包的交叉分析

农地确权	整地环节没外包		整地环节外包		t 检验
	频数	占比（%）	频数	占比（%）	
未确权	74	44.05	94	55.95	2.520 3***
已确权	191	56.05	149	43.95	

农地确权	收割环节没外包		收割环节外包		t 检验
	频数	占比（%）	频数	占比（%）	
未确权	32	19.28	136	80.72	1.879 7**
已确权	93	27.22	247	72.78	

数据来源：课题组于 2016 年对粤赣两省水稻种植户的调查。*、**、*** 分别表示双总体 t 检验结果在 10%、5%、1%的统计水平显著。

进一步对比分析农地确权后，投资了农业机械与没有投资农业机械的农户在劳动密集型生产环节外包行为的差异。由表5-4可知，农地确权后，投资了整地与收割机械的稻农将整地环节与收割环节外包的比例均低于没有投资的稻农，而且样本间差异通过了t检验，表明稻农对整地与收割环节外包服务的需求因自有农机而减少，甚至被替代。但对于部分经营规模较大的农户而言，自有农机不能满足家庭农业生产需求，需要在利用自有农机的基础上引入农业社会化服务。

表5-4 已确权农户在劳动密集型环节的生产外包行为

分组类别		整地环节外包	收割环节外包
机械投资状况（%）	未投资机械	47.86**	74.16*
	投资机械	35.24	67.61

数据来源：课题组于2016年对粤赣两省水稻种植户的调查。*、**、*** 分别表示双总体 t 检验结果在10%、5%、1%的统计水平显著。

5.5 实证检验结果与分析

5.5.1 模型设置

根据上文理论分析，农地确权可能通过农业机械投资对劳动密集型生产环节外包行为产生影响，故建立中介效应模型来验证前文理论分析与假说，分析农地确权对生产环节外包的传导机制。由于被解释变量与核心解释变量皆为二值选择变量，且假设残差项服从正态分布，因而本章主要使用二元 Probit 模型来估计确权对劳动密集型环节外包的影响。

$$P(y=1 \mid \chi) = P(y^* > 0 \mid \chi) = \ln\left[\frac{P(y=1)}{1-P(y=1)}\right] \quad (5-1)$$

$$P(y_{ij} = 1 \mid \chi) = \alpha_{0j} + \alpha_{1j} right_{ij} + \sum \alpha_{2nj} X_{nij} + \varepsilon_{1j} \quad (5-2)$$

$$P(m_{ij} = 1 \mid \chi) = \beta_{0j} + \beta_{1j} right_{ij} + \sum \beta_{2nj} X_{nij} + \varepsilon_{2j} \quad (5-3)$$

$$P(y_{ij} = 1 \mid \chi) = c_{0j} + c_{1j} right_{ij} + b_{ij} m_{ij} + \sum c_{2nj} X_{nij} + \varepsilon_{3j}$$

$$(5-4)$$

式（5-1）为方程式的基本表达式，y^* 为潜变量，y 为稻农家庭的行为选择，当 $y^* > 0$ 时，$y = 1$ 表示稻农家庭将生产环节外包或者投资农业机械，当 $y^* < 0$ 则相反。i 表示第 i 个农户，j 表示生产环节，j 为 1 时表示整地环节，j 为 2 时表示收割环节，y_{ij} 表示第 i 个农户在某生产环节的外包行为，m_{ij} 表示第 i 个农户在某生产环节的农机投资行为，$right$ 为核心解释变量农地是否确权，X_{nij} 表示户主个体特征、土地禀赋特征、家庭禀赋特征与外部环境特征。α_{0j}、β_{0j}、c_{0j} 为常数项，α、β、c 为相应解释变量的回归系数，b_{ij} 为农机投资的回归系数，ε 为扰动项。

温忠麟等（2004）指出，只有（5-2）式中的 α_{1j} 显著才继续检验 β_{1j}、b_{ij} 与 c_{1j}，否则停止中介效应分析。在 α_{1j} 通过检验的情况下，如果 β_{1j} 与 b_{ij} 都显著，表明农地确权对外包的影响至少有一部分是通过农机投资实现的。在前面两阶段显著性检验都通过的情况下，如果 c_{1j} 显著，表明农机投资起着部分中介的作用，否则为完全中介，即农地确权只通过影响农户农机投资决策而对农户生产环节外包行为产生影响。

5.5.2 实证结果分析

（1）内生性检验。鉴于"水田经营规模"与"农机投资"可能存在互为因果的问题，本章引入"乡镇人口密度"（按户籍人口）作为"水田经营规模"的工具变量进行内生性分析。首先，人口密度越高的乡镇，稻农家庭平均经营规模越小，满足工具变量的相关性要求；其次，"乡镇人口密度"具有稳定性特征，在一定时期内变化较小，可看作"前定"变量，与当期的扰动项无关，与"农机投资"也没有直接的相关性，其只会通过"水田经营规模"对"农机投资"产生影响，满足工具变量的外生性要求。采用 Ivprobit 两步法对整地机械投资与收割机械投资模型进行估计，结果显示，乡镇人口密度对农户家庭水田经营规模的影响均在 1% 显著性水平上为负，且外生性原假设的沃尔德检验结果表明，p 值分别为 0.010 2 和 0.002 2，故可认为在 1% 显著水平上"水田经营规模"为内生变量。模型 2 与模型 5 为 Ivprobit 实证分析结果。

（2）农地确权对劳动密集型环节生产外包行为的影响。如表 5-5 所示在模型 1 中，确权对整地环节外包的负向影响在 5% 统计水平下显著，表明农地确权对转入土地的稻农的整地生产环节外包行为产生抑制作用；模型 2

显示，农地确权对整地机械投资具有显著正向影响，且在5%统计水平下显著，揭示农地确权使转入农地的稻农投资整地农业机械可能性显著提高，假说1在整地环节得到验证。模型3显示，农地确权对整地生产环节外包的负向影响未通过显著性检验，而拥有整地机械对整地环节外包有负向影响，且在1%统计水平上显著，表明整地环节农机投资在农地确权与整地环节外包之间起完全中介作用，即农地确权通过激励转入土地的稻农投资整地机械而减少其对整地环节外包的需求，从而对稻农整地环节外包行为产生间接影响，假说2、3在整地环节得到验证。

从收割环节的外包情况看，模型4显示，农地确权对稻农收割环节外包影响为负，且在1%统计水平下显著；模型5表明，农地确权对稻农收割机械投资的正向影响在5%统计水平下显著，表明假说1在收割环节得到验证；模型6进一步揭示，农地确权对稻农收割环节的负向影响未通过显著性检验，但稻农投资收割机械对其生产环节外包行为产生显著负向影响，且在5%统计水平下显著，同样反映农地确权通过激励转入土地的稻农投资收割机械，提高家庭内部农业生产效率，进而抑制其对收割环节的外包服务需求，表明农地确权影响收割环节外包的作用机制在于其通过激励收割机械投资对生产环节外包产生间接影响，农机投资扮演着完全中介的作用，假说2、3在收割环节得到验证。

农地确权增强了所转入地块的排他性使用权与独享的收益权的保障程度，使农地流转过程的不确定性降低，提升了转入方对所转入地块经营权的稳定性预期，进而激励其对劳动密集型环节的农业机械进行投资，最终减少甚至替代其对相应环节的外包服务需求。否则，在所转入的土地经营权不稳定程度较高时，农业机械较强的资产专用性与较高的沉没成本将抑制转入方的农机投资行为，使转入方通过引入生产环节外包服务来解决家庭劳动力不足的约束。

（3）土地禀赋特征对劳动密集型生产环节外包行为的影响。如表5-5所示，稻田经营规模对整地环节外包行为具有显著的"U"形影响，表明当稻农家庭水田经营规模较小时，其将整地环节外包的可能性较大，但随着水田经营规模继续上升，整地环节外包的概率却不断下降，直到水田经营规模越过临界点后，其将整地环节外包的概率反而持续提高。从模型2可知，随着水田经营规模的扩大，稻农家庭投资整地机械的可能性显著增加，与描述性证据一致。整地机械投资将减少稻农对整地环节外包服务的需求，但对于经营规模较大，且超过自有整地机械作业能力时，稻农依然会引进整地外包服务；同时，由于较小的经营规模难以匹配整地机械的作业能力要求，小规模经营稻农缺乏整地机械投资激励，为提高农业生产效率，其将整地生产环节外包的可能性较大。因而水田经营规模与整地环节外包行为呈显著的"U"形关系，假说2得到进一步验证。

与整地环节相反，水田面积对收割环节外包行为具有显著的"倒U"形影响，表明转入地块的稻农家庭的水田面积较小时，其家庭将收割环节外包的概率较低，随着水稻经营规模扩大，其将收割环节外包的可能性上升，但当经营规模越过临界点后，稻农家庭将收割环节外包的可能性下降。从模型5可知，水田面积与收割机械投资呈显著的"U"形关系，水稻经营规模较小和较大的稻农投资收割机械的概率较大，而经营规模一般的稻农投资收割机械的可能性较小。对于收割机械投资比例相对较高的稻农而言，由于收割机械比整地机械有更高的作业效率与作业能力，其对收割机械外包服务需求较低，甚至被自有机械完全替代；而经营规模一般，且没有投资收割机械的稻农主要依靠收割环节外包服务来推进农业生产，较好地解释了水田面积与收割环节外包的"倒U"形关系，假说2进一步得到步验证。

经营规模较小的稻农投资收割机械的比例高于经营规模一般的稻农，但稍低于经营规模较大的稻农，可能由于较小的家庭经营规模使农户家庭收入水平较低，家庭农业生产活动对务农劳动力需求较少，有相对更多的时间投入于非家庭农业生产活动，而通过投资收割机械来提供专业的农机社会化服务可获得外包服务供给收益，有助于拓宽家庭收入渠道，增加家庭收入。相对而言，收割机较高的作业效率使稻农利用收割机械提供服务能获得比利用整地机械提供服务更高的收益。同时，由于家庭务农劳动力能够满足收割环节作业需求，未投资收割机械的较小规模的稻农对收割环节外包需求较低。

水田的细碎化程度对整地与收割环节外包服务行为的负向影响均在5%统计水平下显著，其中细碎化程度对收割环节影响更大，这是由于收割机械体积比整地机械更庞大，要求单个地块的面积更大。土地细碎化抑制整地与收割机械的应用，导致农业机械作业效率低，推高外包服务使用成本，抑制劳动密集型环节外包服务需求与供给，与预期和现有研究结论一致。

（4）家庭劳动力禀赋特征对劳动密集型环节生产外包行为的影响。务农劳动力人数对整地环节外包行为的影响未通过显著性检验，但对收割环节外包行为的总效应在5%统计水平下显著为负。由于农业机械与劳动力要素存在替代关系，稻农家庭务农劳动力人数越多，其将收割环节外包的可能性越低。稻农家庭务农劳动力兼业比例对劳动密集型环节外包的影响未通过显著性检验，可能的解释是，兼业稻农虽然已参与非农就业，但非农就业不充分，其家庭农业生产为典型的"农忙务农，农闲务工"的模式，通过在农闲时务工可实现较充分的就业，因而在其他条件不变的情况下，务农劳动力兼业对稻农在劳动密集型环节采用外包服务没有显著的影响。

家庭收入对劳动密集型环节的影响均在5%统计水平下显著，且系数为正。表明在自由竞争的市场环境下，生产环节外包作为一种可交易的服务，市场对社会化服务的需求受到稻农家庭收入所决定的购买力影响，家庭收入越高，稻农支付使用生产环节外包服务的能力越强，将劳动密集型环节外包的可能性越大。

（5）户主个体特征对劳动密集型环节生产外包行为的影响。户主性别对劳动密集型环节外包的影响未通过显著性检验。但性别对整地机械与收割机械投资的影响分别在1%和10%统计水平上显著为正。可见，相对于女性，男性更擅长操作农业机械，其投资整地与收割机械的可能性更大。

户主年龄对劳动密集型环节外包的正向需求未通过显著性检验，但对整地机械投资的影响在1%统计水平上显著为负。户主年龄越大，体能下降，对新事物的接受能力变慢，农机操作技能缺乏，导致其投资整地机械可能性显著降低。

与小学及以下文化程度的户主相比，文化程度为高中（中专）以上对户主将劳动密集型生产环节外包的影响显著为正。主要是因为，户主文化程度越高，其从事农业生产的机会成本越高，引入社会化服务有助于提高农业生产效率，降低农业生产中劳动力要素投入，使其有更多时间投入非农劳动中，增加家庭总收入。

农机购置补贴政策满意度对整地机械投资的影响在1%统计水平上显著为正，而对收割机械投资的正向影响在10%统计水平上显著，且从回归系数看，农机购置补贴对整地机械的影响更大。这是由于收割机械的市场价格远高于整地机械，大部分稻农即使享受到农机购置补贴，也难以承担高昂的收割机购置费用，因而其购置收割机械的积极性不高。从模型3可知，农机购置补贴政策满意度对整地环节外包的影响在1%统计水平显著为负，而对收割环节外包的影响未通过显著性检验，表明农机购置补贴政策使更多的稻农拥有价格相对较低的整地机械，导致其对整地生产环节外包的需求下降。

（6）外部环境特征对劳动密集型生产环节外包行为的影响。雇工成本对稻农外包整地环节外包的影响显著为负，而对整地机械投资的影响在5%统计水平上显著为正。一方面，表明农村劳动力转移背景下，农业用工成本上升，促进资本替代劳动力，激励稻农投资价格相对收割机械要低的整地机械，使其将整地环节外包的可能性显著降低；另一方面，雇工成本越高，表明整地环节外包服务费用越多，对稻农整地环节外包服务需求形成抑制。

收割机服务价格对稻农采用收割环节外包服务具有显著负向影响，即收割环节外包服务价格抑制稻农将收割环节外包。由于正常物品的需求曲线向右下方倾斜，价格与需求呈负相关系，因而收割环节外包作为一种可交易的服务，其价格越高，市场需求规模将下降。

县域经济发展水平对劳动密集型环节外包具有显著正向影响，表明稻农所在县域经济发展水平越高，其将整地与收割环节外包可能性越大。一般而言，县域经济发展水平越高，一方面，非农就业机会相对较多，务农的机会成本更高；另一方面，稻农家庭收入水平可能更高，支付生产环节外包费用的能力越强。因此，县域经济发展水平更高地区的稻农对劳动密集型环节外包需求更迫切。

村庄到乡镇的距离对稻农将整地环节外包的影响未通过显著性检验，而对收割环节外包的影响显著为正，且对收割机械的投资显著为负，表明距离乡镇越远，稻农投资收割机械的可能性更低。远离乡镇的稻农由于家庭收入水平不高，且收割机械价格昂贵，缺乏投资农机的激励。因而在家庭缺乏收割机械的情况下，为提高农业生产效率，稻农更倾向于将收割环节外包。至于整地环节，由于整地机械的市场价值相对收割机械低很多，大部分稻农家庭有能力投资整地机械，因而稻农拥有整地机械的状况并不会因距离乡镇的远近而产生显著差异。

表 5-5 模型估计结果

变量类型	变量	整地环节外包 模型1 (Probit)	整地机械投资 模型2 (Ivprobit)	整地环节外包 模型3 (Probit)	收割环节外包 模型4 (Probit)	收割机械投资 模型5 (Ivprobit)	收割环节外包 模型6 (Probit)
核心变量	是否确权	−0.223 3** (0.096 4)	0.0.233 7** (0.107 2)	−0.116 2 (0.098 2)	−0.242 3*** (0.081 3)	0.276 7** (0.131 1)	−0.059 6 (0.110 0)
	农业机械投资	—	—	−0.601 2*** (0.163 2)	—	—	−0.468 3** (0.198 5)
土地禀赋特征	水田面积的对数	−0.070 2*** (0.0.039 5)	0.223 1** (0.0.044 8)	−0.064 6*** (0.038 5)	0.074 4*** (0.040 7)	0.261 7*** (0.084 9)	0.116 8*** (0.038 1)
	水田面积平方的对数	0.816 2*** (0.063 7)	0.940 4 (0.067 2)	0.780 3*** (0.066 3)	−0.631 7*** (0.068 5)	0.726*** (0.073 4)	−0.614*** (0.069 3)
	水田破碎度	−0.071 1** (0.034 8)	−0.024 6** (0.039 5)	−0.167 6** (0.075 2)	−0.239 8*** (0.041 1)	−0.040 8* (0.060 6)	−0.240 4** (0.041 2)
家庭特征	务农人数	0.034 6 (0.048 3)	0.054 3*** (0.053 0)	0.028 5 (0.049 1)	−0.201 2* (0.053 2)	0.028 5 (0.065 9)	−0.233 4** (0.107 6)
	务农劳动力兼业比例	0.005 8 (0.111 7)	0.026 3 (0.133 3)	0.003 0 (0.112 9)	0.023 6 (0.122 5)	0.028 5* (0.162 4)	0.023 0 (0.122 6)
	非农劳动力转移比例	0.069 4 (0.169 8)	0.006 4 (0.197 6)	0.070 5 (0.170 7)	0.134 0 (0.178 1)	0.345 3*** (0.174 6)	0.136 0 (0.178 1)
	家庭收入	0.077 6** (0.037 4)	0.164 2* (0.044 1)	0.073 5** (0.037 9)	0.174 6** (0.094 2)	0.222 6** (0.073 2)	0.203 6** (0.094 6)

(续)

变量类型	变量	整地环节外包 模型1 (Probit)	整地机械投资 模型2 (Ivprobit)	整地环节外包 模型3 (Probit)	收割环节外包 模型4 (Probit)	收割机械投资 模型5 (Ivprobit)	收割环节外包 模型6 (Probit)
户主个体特征	性别	-0.086 5	0.237 8***	-0.054 9	0.006 1	0.241 1*	0.127 6
		(0.078 1)	(0.092 2)	(0.078 9)	(0.086 2)	(0.108 4)	(0.175 6)
	年龄	0.005 1	-0.039***	0.003 2	0.005 6	-0.004 7	0.013 8
		(0.003 6)	(0.004 3)	(0.003 6)	(0.004 0)	(0.005 1)	(0.009 2)
	高中以上 (以小学为参照)	0.607 2**	-0.851 2**	0.470 7*	0.485 3**	0.156 9**	0.430 3**
		(0.257 6)	(0.360 3)	(0.256 8)	(0.339 6)	(0.334 9)	(0.218 7)
	高中或中专 (以小学为参照)	0.170 3	0.114 7	0.197 5	-0.057 5	0.308 4*	-0.045 2
		(0.137 6)	(0.150 4)	(0.139 4)	(0.152 0)	(0.175 9)	(0.152 5)
	初中 (以小学为参照)	0.164 3*	-0.112 5	0.155 8	-0.002 9	0.108 3*	-0.005 2
		(0.085 3)	(0.098 6)	(0.086 1)	(0.094 1)	(0.116 1)	(0.094 1)
	农机购置补贴政策满意度	-0.063 5**	0.125 3***	-0.085 4***	0.006 6	0.075 5*	0.005 1
		(0.032 7)	(0.036 9)	(0.033 2)	(0.037 4)	(0.042 5)	(0.037 5)

（续）

变量类型	变量	整地环节外包 模型1 (Probit)	整地机械投资 模型2 (Ivprobit)	整地环节外包 模型3 (Probit)	收割环节外包 模型4 (Probit)	收割机械投资 模型5 (Ivprobit)	收割环节外包 模型6 (Probit)
	雇工成本	−0.002 1 * (0.001 1)	0.004 2 ** (0.001 3)	−0.001 5 * (0.001 1)	—	—	—
	收割机服务价格	—	—	—	−0.003 8 ** (0.002 2)	0.002 3 ** (0.001 1)	−0.003 9 * (0.002 1)
外部环境特征	县域经济发展水平	0.227 2 *** (0.084 2)	0.529 3 *** (0.101 9)	0.302 9 * (0.085 6)	0.451 5 *** (0.093 1)	−0.048 4 (0.231 4)	0.463 1 *** (0.093 5)
	村庄与镇的距离	0.013 8 (0.023 1)	0.016 8 (0.025 8)	0.016 1 (0.014 4)	0.060 4 *** (0.017 0)	−0.043 9 ** (0.018 7)	0.058 9 *** (0.017 0)
	山地地形（以平原为参照）	−1.335 9 *** (0.349 8)	2.111 6 ** (0.359 8)	−1.103 *** (0.352 3)	−0.345 8 (0.371 0)	−1.156 8 (0.375 5)	−0.380 6 (0.371 4)
	丘陵地形（以平原为参照）	−0.395 9 *** (0.109 1)	0.473 3 *** (0.129 1)	−0.370 *** (0.110 6)	−0.355 4 * (0.184 4)	−0.246 3 ** (0.140 6)	−0.375 7 ** (0.185 3)
	Constant	−1.065 8 ** (0.531 5)	0.366 9 (0.350)	−1.011 7 * (0.535 9)	−1.046 9 * (0.635 3)	−3.244 2 ** (0.809 9)	−1.084 9 * (0.636 5)
	省份	控制	控制	控制	控制	控制	控制
	R^2	0.065 8	—	0.088 1	0.128 7	—	0.130 2
	Wald chi2 (10)	—	78.50	—	—	31.33	—
	Prob > chi2	0.000	0.000	0.000	0.000	0.000	0.000
	样本	508	508	508	508	508	508

注：***，** 和 * 分别表示在 1%，5% 和 10% 统计水平显著，括号内数字为稳健标准误。

从地形特征看，相对于平原地形，稻农所在村庄为山地与丘陵地形，其将整地环节外包的可能性显著降低，丘陵地形对收割环节外包的影响显著为负，表明山地与丘陵地形抑制农业机械的应用，阻碍稻农将劳动密集型生产环节外包。从整地环节可以看出，地形为山地对稻农外包行为影响的系数绝对值大于丘陵地形，表明土地越不平整，稻农将劳动密集型环节外包的可能性越低。

5.6　结论与启示

本章基于粤赣两省 508 户转入地块扩大水稻生产规模的农户调研数据，研究了农地确权对水稻生产劳动密集型生产环节外包的作用机制。结果表明：第一，农地确权对劳动密集型整地环节与收割环节外包行为并没有直接影响，而是通过促进投资农机使稻农对劳动密集型生产环节的外包服务需求降低。相对转入未确权地块，已确权地块产权安全度更高，使稻农对所转入土地的经营权预期更稳定，其投资农机的激励更强。第二，有别于现有研究认为经营规模与外包需求存在线性关系的结论，本章较为深入地揭示了农户家庭经营规模对其不同劳动密集型环节外包的影响存在差异。水田面积对稻农整地环节外包行为影响呈显著"U"形关系，而对稻农收割环节外包行为的影响呈显著"倒 U"形关系。对于规模较大的稻农而言，受限于家庭自有整地机械作业能力，其在利用自有整地机械的基础上将引入整地机械社会化服务。水田细碎化程度对整地环节外包与收割环节外包具有显著的抑制作用。第三，家庭务农人数对收割环节外包行为具有显著负向作用；家庭收入水平对劳动密集型环节影响显著为正；户主文化程度越高，其将劳动密集型环节外包可能性越大；农机购置补贴政策满意度对整地机械投资和收割机械投资有显著正向影响，对整地生产环节外包有显著负向影响。第四，雇工成本显著促进稻农将整地环节外包，而收割机服务价格对收割环节外包有显著负向影响；县域经济发展水平对稻农将劳动密集型生产环节外包行为有显著正向促进作用；丘陵与山地地形对水稻生产劳动密集型环节外包有显著负向影响。第五，稻农对农机投资环节具有选择性。由于不同劳动密集型环节农机市场价值、作业能力、操作技术与所要求匹配的经营规模存在较大的差异，使稻农农机投资行为在生产环节上呈现较大的差异，投资购置整地机械的稻农多于投资收割机械的稻农。

　　本研究结论对于推进中国农业现代化发展具有重要的政策启示，为促进农业社会化服务发展，提出以下政策建议：

　　首先，继续推进与完善农村土地确权工作。农地确权有助于增强土地转入方土地经营权稳定性预期，激励其投资农机，进而提高中国农业机械化水平，促进农业现代化的发展。

　　其次，支持与鼓励各类社会化服务主体参与农机服务供给，提高农机社会化服务可获得性。不同规模的稻农在不同的劳动力密集型环节拥有农业机械的状况存在差异，而没有投资农机的稻农家庭对外包服务的需求较高，即使对于规模较大的稻农而言，其整地环节生产活动在利用自有农机的基础上依然需要引入整地社会化服务。由于收割机械的价值昂贵，稻农家庭拥有收割机械比例较低，其对收割环节社会化服务依赖程度较高。因此，在农村劳动力转移与务农劳动力老龄化背景下，政府部门既要继续完善农机购置补贴，降低农机购置成本，激励农户投资农机，也要鼓励与支持拥有农业机械的农户家庭积极参与农机服务供给，提高农机社会化服务可获得性，为农业规模经营提供支撑。

　　再次，鉴于农机服务价格抑制外包服务需求，相关部门应主动维护农机社会化服务市场竞争秩序，加强农业作业服务价格监管，防止出现农机作业服务市场垄断与价格不合理上涨的现象。

　　最后，采取有效方式降低土地细碎化程度。土地细碎化问题是我国当前农业发展过程中面临的重要障碍，不利于先进农业机械应用，造成农业生产效率低下，抑制农户农地流转的意愿，阻碍适度经营规模的实现。因此，细碎化问题是现阶段我国推进农业现代化建设进程中迫切需要解决的问题。在村庄内推行土地置换或者联耕联种是降低土地细碎化程度的有效方式。

6 农地确权背景下农业生产环节外包方式选择的影响*

在水稻劳动密集型环节农业机械化水平较高的条件下，为何会出现稻农在整地与收割环节选择雇请人工这种生产效率相对较低的外包方式？为探究农户外包方式选择行为作用机理，本章将基于农地确权背景，利用粤赣水稻种植户抽样调查数据，通过构建二值选择计量模型，主要从稻农家庭农业经营规模与地形条件角度出发，实证分析稻农在水稻劳动密集型生产环节外包方式选择的影响因素，揭示农地确权背景下土地资源禀赋对稻农在劳动密集型生产环节外包方式决策中所起的作用。

6.1 引言

城镇化背景下农村劳动力不断向城镇非农部门转移，农业劳动力老龄化与妇女化趋势加重，务农劳动力稀缺程度提高，对农业生产带来负面影响（何凌霄等，2016），使农业生产面临"如何种地"的问题。而发展农业社会化服务能够有效缓解农业经营主体面临的劳动力短缺约束，促进先进农业技术应用与农业生产效率提升，通过推进农业生产方式转型，解决劳动力转移背景下"如何种地"的问题，避免因农村优质劳动力流失而引发的抛荒与农地"非粮化"现象（张忠军等，2015；孙顶强等，2016）。从水稻种植角度而言，生产环节外包服务的发展对于稳定水稻播种面积、提升水稻总产量具有积极作用，能够为保障中国粮食安全提供有力支撑。

既有研究已对农户家庭水稻生产环节外包，以及外包环节数量的决定因

＊ 本章原载于《农业经济与管理》2019 年第 1 期。

素进行了卓有成效的研究，主要从外包服务价格、细碎化、经营规模、劳动力等方面对外包行为决策机制进行了分析。申红芳等（2015）基于 2013 年全国 7 省水稻种植户调查数据，重点分析了外包价格对水稻生产环节外包行为的影响，结果证实了水稻生产环节外包遵循需求价格的一般规律，外包价格对水稻劳动密集型生产环节外包行为有显著的负向影响，价格越高，稻农将整地与收割环节外包的概率越低。展进涛等（2016）利用 2013 年江苏与江西两省的农户调查数据，通过实证分析发现土地细碎化显著抑制稻农在劳动密集型环节的生产外包行为，再次印证农地细碎化阻碍农业现代化发展的事实（罗明忠等，2017）。陆岐楠等（2017）基于 2013 年江苏与安徽 5 县的调查数据，实证分析了劳动力老龄化与非农劳动力兼业化对水稻生产环节外包的影响，结果表明，劳动力老龄化显著促进以整地为代表的高劳动强度环节的外包，且非农劳动力不住家使其家庭将生产环节外包的可能性显著增加。从劳动力要素角度而言，相关研究结论较为一致；务农劳动力人数越多，家庭农业生产能力越强，对生产环节外包服务需求较低，因而家庭务农劳动力人数对劳动密集型环节外包具有显著负向影响（王志刚，2011；蔡荣等，2014）；但在土地要素方面，现有研究存在一定的分歧。部分研究认为稻田经营规模对劳动密集型生产环节外包有显著正向影响（蔡荣等，2014；钱静斐等，2107），而另一部分研究指出，稻田经营规模对水稻劳动密集型生产环节外包具有"倒 U"形影响，并非是线性关系（胡新艳等，2015）。虽然学者们热衷于讨论影响稻农生产环节外包的因素，但对水稻生产环节外包方式选择存在的差异缺乏应有的关注，更未对这种差异产生的原因深入探究。

本课题组通过入户调查发现，在水稻整地与收割环节普遍应用农业机械的条件下，农户在水稻生产环节外包方式选择方面并不一致，而是存在一定的差异：一部分农户雇用机械来完成生产活动，另一部分农户却通过雇用人工来推进农业生产。为何会出现这种差异？现有文献并未做出解释。有学者在江西通过入户调查发现，2011 年有 4.5％的被调查样本在水稻整地环节仅使用雇用耕牛服务[①]，1.7％的样本农户在水稻收割环节雇用了劳动力，但并没有分析农户选择这种外包方式的成因（王建英，2015）。从诱致性技术

---

① 雇用耕牛服务包括雇请耕牛操作手，因而本章将其视为雇请人工。

变迁理论角度看，农村劳动力非农转移加剧务农劳动力稀缺程度，农业用工成本上升，农户应采用农业机械这种节约劳动力投入的生产技术，尽量减少劳动力在农业生产中的投入，提高农业生产效率，降低农业生产成本（郑旭媛，2017）。然而，却存在部分稻农雇用人工的事实，这部分稻农在生产环节外包中选择雇请人工看似是"错误的行为"，但从经济学的基本假设出发，农户选择雇请人工的行为应是理性农户面临内外部约束时所做出的合理选择。因此，有必要立足于劳动力转移背景，分析稻农在劳动密集型生产环节外包行为选择现状，挖掘限制稻农选择雇请农业机械的因素，为促进农业机械化发展提供决策参考，使相关部门推进农业机械化水平提高的工作能找到具体着力点，破除中国农村水稻生产领域农业机械化水平提高的障碍。

6.2 研究假说

6.2.1 经营规模对水稻生产环节外包方式选择的影响

虽然现有研究对农业生产规模与农业生产外包行为关系存在一定的分歧，但总体上更多的文献认同农业生产规模促进农业生产环节外包的结论；农业经营规模越大，农户将生产环节外包的可能性越高（蔡荣，2104；申红芳，2015）。农业生产活动既可通过雇用人工来完成，也可引入农机社会化服务，而农业机械的应用大幅提升了农业生产效率，增强了农户的农业生产经营能力，降低了农业生产劳动强度，因而相较于雇用人工来完成农业生产活动，农户更愿意雇用机械来替代人工以推进农业生产。尤其是在农村劳动力向城镇与非农产业转移的背景下，务农劳动力以中老年为主，呈现弱质化趋势，农户身体条件难以承受繁重的农业生产活动，其对农业机械化服务的需求就更迫切。

然而，水稻生产机械化服务获取在时间上存在较大差异，家庭农业生产活动开始较早的农户反而难以获取农业机械社会化服务。由于农业生产决策由每个分散的家庭独自做出，致使同一村庄内的农业生产活动并不是在同一时间点进行。在农户主要依赖外来农业社会化服务供给主体跨区提供农业机械化服务的条件下，较早开始农业生产的少数农户难以构成足够吸引农业机械社会化服务供给者进入的农业社会化服务需求市场。农机服务供给方只有在大多数农户已做出农业生产决策后，才可能进入农业机械化服务市场。

因此，在相应环节的生产初期，农户获取农业机械化服务相对困难，但为加快农业生产进度，经营规模越大的农户越倾向于雇用人工。在整地环节使用人工服务可加快农业生产进度，以避免贻误农时，保证农作物在有利的自然环境下生长。尤其是在收割环节，由于水稻品种与栽插时间不同，致使同一村庄内部不同家庭的水稻成熟时间不一致。在外来的农业生产机械服务供给主体还未进入本地提供农业机械化服务之前，部分生产规模较大，且水稻已经成熟的农户可能选择雇请人工的方式率先进行收割，以加快农业生产进度，避免潜在自然灾害造成的损失。中国长江中下游及其以南的传统水稻主产区，在夏季水稻收割季节，气候不确定性较强，台风活动频繁，不仅带来充沛的降水，还容易造成水稻倒伏，导致水稻收割与晾晒困难，使稻农遭受损失。甚至在部分排灌设施较差的地区，台风活动造成稻田积水较多，土壤软化，使收割机械难以下田作业，对农业机械的应用形成抑制。据此提出本研究的第四个研究假说：

H4：经营规模对稻农在劳动力密集型环节雇请人工有正向影响。

6.2.2　地形条件对水稻生产环节外包方式选择的影响

农业机械化应用受到地形的限制，地势越平坦，越有利于农业机械的使用。因而在地形较平坦的地区，农户将劳动密集型生产环节外包的概率高于非平原地区农户（陈江华、罗明忠，2016）。事实上，非平原地区农地分散与细碎化程度较平原地区更严重，而农地细碎化阻碍稻农采用农业机械社会化服务（纪月清等，2016）。农地细碎化意味着单个地块平均面积狭小，农机作业困难，抑制农机拥有者参与农机服务供给的意愿，并使其提高农机服务价格，进而提升单位面积农地的农机服务使用成本，导致对价格较敏感与农机服务支付能力弱的生产者放弃采用农业机械社会化服务（张燕媛等，2016）。而且在非平原地区田间机耕路等基础设施缺乏，田间农机通达性差，限制农机使用。地形条件导致农业机械社会化服务获取较难或采用成本过高时，稻农在生产环节外包中选择使用人工替代机械的可能性增加。据此提出本研究的第五个研究假说：

H5：相较于平原地区，处于山地与丘陵地区的稻农在劳动密集型环节雇请工人的可能性更大。

6.2.3 经营规模与地形对水稻生产环节外包方式选择的交互影响

山地与丘陵地形阻碍农业机械的应用，不仅使该地区农业机械社会服务可获得性较难，而且抬升农机社会化服务使用成本，抑制稻农对农机社会化服务的需求。在家庭劳动力无法满足家庭农业生产需求的情况下，非平原地区稻农家庭农业生产规模越大，其在水稻生产劳动密集型环节雇请人工的概率更高。据此提出本研究的第六个研究假说：

H6：在非平原地区，经营规模越大，稻农在劳动密集型环节选择雇用人工的可能性越大。

6.3 数据说明与变量设置

6.3.1 数据说明

需要特别说明的是，本章以至少将整地或收割其中一类生产环节外包的农户为研究样本，分析稻农在水稻劳动密集型生产环节的外包方式选择行为。所有稻农样本中将整地环节外包的稻农有 935 户，占总体稻农样本的比例为 46.79%，而将收割环节外包的农户有 1 485 户，占总体稻农样本的比例为 74.32%，同时将这两个环节外包的有 806 户，占总体稻农的比例为 40.34%，因而至少将水稻整地与收割环节其中一类生产环节外包的稻农有 1 614 户。因此，本章研究样本为 1 614 户水稻种植户，不仅包括拥有农业整地与收割机械的稻农样本，还包括家庭没有投资农机的稻农样本，因而与只拥有劳动密集型环节农业机械的样本农户相比，本章所要研究的样本农户的家庭平均经营规模下降。

表 6 - 1 样本特征描述

类型	指标	频数	频率（%）	类型	指标	频数	频率（%）
整地环节外包方式	雇用机械	807	86.31	收割环节外包方式	雇用机械	1 137	76.57
	雇请人工	128	13.69		雇请人工	348	23.43

（续）

类型	指标	频数	频率（%）	类型	指标	频数	频率（%）
水田实际经营规模	5 亩及以下	1 111	68.84	地形	山地	166	10.29
	5～10 亩	255	15.80		丘陵	1 073	66.48
	10～15 亩	81	5.02		平原	375	23.23
	15～20 亩	48	2.97	水稻种植模式	一季稻	397	24.59
	20 亩以上	119	7.37		两季稻	1 217	75.41

数据来源：课题组于 2016 年对粤赣两省水稻种植户的调查。

由表 6-1 可知，将整地环节外包的 935 户样本稻农中，绝大多数农户选择雇用机械的方式，占比高达 86.31%，选择雇请人工作业方式的稻农家庭占比 13.69%；收割环节方面，1 485 户样本稻农家庭将生产外包，其中选择雇用机械的占比 76.57%，雇用人工占比 23.43%。稻农在收割环节雇用人工的比例高于整地环节，究其原因，可能与不同环节的作业特性有关。整地环节生产活动较收割环节更繁重，人工作业效率相对较低，促使稻农更愿意雇用机械。

结合表 6-1 与表 6-2，稻农家庭平均水田实际经营面积略多于 11 亩，但 68.84% 的样本稻农的家庭经营规模在 5 亩及以下，反映出小农经营在我国农业生产中仍占据主导地位。在水热条件满足种植两季的条件下，粤赣两省仍有 24.59% 的稻农家庭选择种植一季水稻，种植两季水稻的农户居主导地位，占比为 75.41%。23.23% 的被调查的稻农所在村庄处于平原地区，而处于山地与丘陵地区的被调查农户占比为 76.77%，与粤赣两省多山地丘陵的地形特征相吻合，表明抽样数据具有较好的代表性。

由表 6-2 可见，59.50% 的将整地环节外包的稻农所在村庄的农地已经确权，而收割环节的这一比例为 63.50%；户主平均年龄在 52 岁至 53 岁之间，其文化程度不高，以初中和小学为主；家庭平均务农劳动力为 1.98 人，务农劳动力兼业比例不高，平均兼业比例在 25.60%～26.80%，但有劳动力从事纯非农工作的平均比例较高，在 66.00%～67.50%。整地环节雇请人工的平均费用为 144.83 元/（人·天），而收割环节略低，为 140.80 元/（人·天）；相比之下，收割环节农机服务价格平均为 109.02 元/亩，表明雇人工作业成本远高于雇用机械的作业成本，在水稻劳动密集型环节生产中采用农业机械可有效降低农业生产成本。

表6-2 变量定义、说明与描述性统计分析

变量	变量定义与赋值	整地环节		收割环节	
		均值	标准差	均值	标准差
被解释变量					
外包方式选择	1=雇佣人工；0=雇用机械	0.137	0.344	0.234	0.424
核心解释变量					
水田面积	实际数值	11.190	50.519	11.148	44.261
是否为山地地形	1=是；0=其他	0.106	0.308	0.096	0.295
是否为丘陵地形	1=是；0=其他	0.640	0.480	0.666	0.472
控制变量					
是否确权	1=确权到地；0=其他	0.595	0.491	0.635	0.482
户主年龄	实际数值	52.597	12.559	52.521	12.137
户主文化程度	1=小学；2=初中；3=高中（中专）；4=高中及以上	1.678	0.869	1.644	0.845
务农劳动力人数	实际数值	1.985	0.910	1.987	0.874
务农劳动力兼业比例	务农劳动力中兼业的人数与务农劳动力总数之比	0.268	0.385	0.256	0.380
是否有纯非农劳动力	1=有；0=无	0.675	0.469	0.660	0.474
家庭总收入	1=1万元以下；2=1万~3万元；3=3万~5万元；4=5万~10万元；5=10万元以上	2.892	1.184	2.830	1.169
种植季数	1=种一季水稻；2=种两季水稻	1.723	0.448	1.758	0.428
雇工费用[元/(人·天)]	实际数值	144.834	43.970	140.801	44.910
雇机械费用（元/亩）	实际数值	—	—	109.015	34.425
水田细碎化程度	水田块数与水田面积之比	1.505	1.338	1.442	1.265
村庄交通条件	1=很差；2=较差；3=一般；4=较好；5=很好	3.686	0.907	3.667	0.883
村到镇的距离（千米）	实际数值	5.091	4.116	5.078	4.713
县经济发展水平	1=很低；2=相对低；3=中游；4=比较高；5=很高	3.292	0.906	3.344	0.862

注：入户调查时没有调查农户整地环节机械服务使用费，导致整地环节雇用机械费用数据缺失。"—"表示缺乏数据。

6.3.2 变量设置

（1）被解释变量。本章以稻农在劳动密集型环节的外包方式选择为研究对象，当稻农在整地环节或收割环节雇请人工来作业，用"1"表示，雇请机械作业时用"0"表示。生产环节外包方式选择可看作稻农面临雇用机械与雇请人工选择时是否会雇请人工作业。

（2）核心解释变量。根据前文理论分析，本章主要解释变量为水稻经营规模与地形条件，水稻经营规模用稻农家庭水田实际耕种面积表示，而地形条件分为山地、丘陵与平原三类，为三个虚拟变量，以平原地形为参照，考察山地地形与丘陵地形对稻农劳动密集型环节生产外包方式选择的影响。

（3）控制变量。本章还从户主个体特征、家庭劳动力配置状况、村庄所处外部环境等方面控制其余变量对稻农在劳动力密集型环节生产外包方式选择中可能存在的影响。借鉴王志刚等（2011）、蔡荣等（2014）的研究，本章控制了户主年龄、户主文化程度、务农劳动力人数、务农劳动力兼业比例、是否有纯非农劳动力等测度户主个体特征与家庭劳动力特征的变量；雇工不仅存在劳动监督问题，还要为受雇人员提供饮食等后勤保障，而年龄大的雇主不容易处理这些问题，更倾向于选择雇用机械。户主文化程度越高，更愿意选择雇用机械这种效率更高的现代化生产方式。稻农家庭务农人数越多，农业生产较少受到劳动力的束缚，但在闲暇偏好的影响下，其选择雇请机械作业方式的可能性更大。家庭务农劳动力兼业比例越高、有劳动力从事纯非农工作，其农业生产易受到劳动力不足的束缚，可能会通过雇请机械来缓解家庭务农劳动力短缺的状况。

借鉴申红芳等（2015）的研究，本章控制了家庭总收入、雇工费用、雇机械费用、水田细碎化程度等变量；稻农家庭年收入越高，其支付雇工服务费用的能力越强，进而雇请人工的可能性越大。稻农只有支付农业社会化服务费用才能享受农业生产外包服务，但相应环节服务价格过高，将抑制农户对生产环节外包服务的需求，因而雇工费用与雇机械费用越高，将阻碍稻农采用相应环节外包服务。与此同时，由于这两种外包方式存在替代性，因而稻农选择雇请机械的可能性将随雇工费用的提高而增加；同理，较高的农机服务价格促使稻农选择雇请人工的可能性更大。水田细碎化程度越高，不仅加大农机作业难度，还增加农机作业成本，使稻农选择雇请人工的可能性提高。

借鉴陈江华等（2016）的研究，本章控制了水稻种植季数、村庄交通条件、村到镇的距离、县经济发展水平等变量。稻农在水稻种植模式上存在差异，在自然条件允许种植两季水稻的情况下，却有部分稻农选择种植一季。相对于种植一季，种植两季的稻农面临更繁重的体力劳动与更紧迫的作业时间，因而其在劳动密集型环节雇请人工的可能性更大。村庄交通条件越好、村到乡镇的距离越近，农机服务可获得性越高，农机服务使用成本相对较低，进而提高稻农雇用农机的可能性。稻农将水稻生产环节外包的前提是存在相应农业社会化服务供给，而县域经济发展水平越高，有能力提供农业社会化服务的组织与个体越多。

本章还控制了农地确权变量。农地确权通过颁发土地承包经营权证书的形式对农户家庭的土地产权进一步明晰，明确了农户家庭承包地的空间位置、具体面积与四至，提高了土地产权强度，同时降低了农业社会化服务需求与供给方之间关于地块信息的不对称性程度，有助于减少与避免供需双方在农业社会化服务合约履行时的纠纷。由于机械作业服务费用收取以农地作业面积为依据，而雇工费用以时间为计算单位，因此，农地确权可能增加稻农选择雇用机械的概率。

6.3.3　模型选择

为了估计经营规模与地形条件对稻农在水稻生产劳动密集型环节外包方式选择的影响，本章建立以下模型表达式：

$$y_i = \alpha_0 + \alpha_1 \, scale_i + a_2 \, terrain_i + \sum_{k=1}^{k} \beta_k \, X_{ki} + \delta_i \quad （6-1）$$

式（6-1）中，y_i 表示水稻劳动密集型环节生产外包方式，$scale_i$、$terrain_i$ 分别表示为水田实际经营规模、村庄所在地形，X_{ki} 表示测量户主个体特征、家庭劳动力资源配置状况与外部环境特征的控制变量；α_0 为常数项，α_1、a_2、β_k 皆为相应变量的待估计系数，δ_i 为误差项。

在此基础上，基于前文的理论分析，引入交互项来识别水田经营规模与地形条件的交互项对稻农在水稻劳动密集型环节生产外包方式选择的影响。

$$y_i = \alpha_0 + \alpha_1 \, scale_i + a_2 \, terrain_i + a_3 \, scale_i \times terrain_i + \sum_{k=1}^{k} \beta_k \, X_{ki} + \delta_i$$

$$(6-2)$$

（6-2）式中，$scale_i \times terrain_i$ 表示经过中心化之后水田实际经营规模与地形条件的交互项，其余变量与式（6-1）中一致。

鉴于本章被解释变量"生产环节外包方式选择"为二值选择型变量，故采用二元 Probit 模型，并对其边际效应进行了估计。

6.4 模型估计结果与分析

本章使用 Stata14.0 对模型进行估计。为避免解释变量之间的多重共线性问题造成模型估计结果偏误，本章首先对解释变量进行多重共线性诊断，结果显示变量间方差膨胀因子均在 3 以下，小于 10，表明变量设置不存在多重共线性问题，且模型回归结果显示，模型整体显著性均在 1% 水平下显著。

6.4.1 经营规模对水稻劳动密集型生产环节外包方式选择的影响

水田实际种植面积对整地环节与收割环节的外包方式选择的影响均通过显著性检验，且均在 1% 统计水平上显著为正。表明水稻经营规模越大，稻农家庭在劳动密集型环节雇请人工的可能性更大。从回归系数与边际效应看，水田经营规模对稻农在收割环节选择雇请人工的影响相对更大，假说四得到验证。在农业机械服务供给方还未开始提供农机服务之前，部分经营规模较大，且已开始农业生产的稻农将通过雇请人工的方式来推进家庭农业生产进程；在收割环节，水稻成熟后收割时机越早，就越可能规避自然风险造成的损失，因而规模较大的稻农对收割环节的雇工服务需求比整地环节更迫切。

6.4.2 地形条件对水稻劳动密集型生产环节外包方式选择的影响

山地地形对稻农在整地与收割环节选择雇用人工的外包方式均在 1% 统

计水平上显著为正，其地形不平坦程度每上升 1%，将使稻农在整地环节雇用人工的可能性提高 30.34%，而使稻农在收割环节雇用人工的可能性提高 24.50%。丘陵地形对整地环节外包方式选择的影响在 1% 统计水平上显著为正，且边际效应为 0.103 2，表明丘陵地区的稻农所处地形的不平坦程度每上升 1%，稻农在整地环节雇请人工的可能性增加 10.32%；而丘陵地形对收割环节的外包方式选择的影响在 10% 统计水平上显著为正，其地形不平坦程度每上升 1%，将使稻农在收割环节选择雇请人工作业方式的可能性提高 4.47%。模型结果表明，研究假说五得到验证。同时也表明，一方面，山地与丘陵地形对整地环节外包方式选择的影响要大于对收割环节外包方式选择的影响；另一方面，山地地形对劳动力密集型环节外包方式选择的影响要高于丘陵地形对劳动力密集型环节外包方式选择的影响。相对于平原地形，丘陵与山区地形不平坦程度越高，农业机械使用不便，应用受到限制，增加农机使用成本，使稻农选择雇用人工的概率提高。

6.4.3 控制变量对水稻劳动密集型生产环节外包方式选择的影响

农地确权对整地环节外包方式选择的影响未通过显著性检验，而对收割环节外包方式选择的影响在 10% 统计水平上显著为正，且边际效应为 0.049 4，表明农地确权之后，稻农在收割环节雇请人工的可能性提高 4.94%，与预期不一致。可能由于农地确权降低了农业社会化服务供需双方关于地块的信息不对称性程度，提高了人工作业成果测量的准确性，有利于抑制人工服务供给主体偷懒倾向，缓解雇工监督难题，使稻农更愿意在收割环节雇工生产。

户主年龄对整地环节外包方式选择的影响未通过显著性检验，而对收割环节的外包方式选择的影响在 5% 统计水平上显著为负，且边际效应为 −0.002 3，表明户主年龄每增长 1 岁，其在收割环节雇用人工的可能性下降 0.23%，与预期一致。年龄相对较大的稻农更愿意雇用收割机械服务，避免雇用人工时需应对的繁杂事务。户主文化程度对稻农在水稻生产劳动密集型环节外包方式选择有正向影响，但未通过显著性检验。

家庭务农劳动力人数对整地环节外包方式选择的影响在 1% 统计水平上显著为正，而务农劳动力人数对收割环节外包方式选择的影响在 5% 统计水平上显著为正；务农劳动力每增加1人，稻农家庭在整地环节雇用人工的可能性提高2.49%，在收割环节雇请人工的可能性提高2.66%，与预期不一致。究其原因，可能是由于家庭务农劳动力越多，水田实际经营规模也相对较大，如前文所述，水田实际经营规模越大，稻农在劳动力密集型环节雇用人工的概率越高。

务农劳动力兼业比例对整地环节外包方式选择的影响在1%统计水平上显著为正，而对收割环节外包方式选择的影响在10%统计水平上显著为正，务农劳动力兼业比例每上升1%，稻农在整地与收割环节选择雇用人工的可能性分别提高5.97%、5.35%；家庭中有纯非农劳动力对整地环节外包方式选择的正向影响未通过显著性检验，但对收割环节外包方式选择的正向影响在10%统计水平上显著为正，与预期不一致。究其原因，可能是由于务农劳动力兼业比例越高与家庭中有劳动力从事纯非农工作，使家庭农业生产在农忙季节面临劳动力不足的约束，在农机服务供给主体还未进入农业服务市场提供农机服务前，这类家庭在劳动密集型环节选择雇用人工加快农业生产进度的可能性较高。

家庭收入对稻农劳动力密集型环节外包方式选择的影响均未通过显著性检验，与预期不一致。主要是因为雇用人工与雇用机械这两种生产环节外包方式均需要通过购买才能获得相应的农业生产服务，而家庭收入越高，稻农对这两类农业生产服务的支付能力越高，因而家庭收入对稻农在劳动力密集型环节选择不同外包方式的影响并没有显著的差异。

种植季数对水稻劳动密集型环节生产外包方式选择的影响并未通过显著性检验，但其回归系数为正，表明相对于种植一季的稻农，种植两季的稻农选择雇请人工作业的可能性更大，与预期基本一致。

雇工费用对整地与收割环节生产外包方式选择的影响均在5%统计水平下显著为负，而雇机械费用对收割环节外包方式选择的影响在5%统计水平上显著为正，表明雇工费用越高，稻农在劳动密集型环节雇请人工的可能性越低，而雇用收割机械服务的费用越高，将使稻农在收割环节雇请人工的可能性越高，与预期一致。

水田细碎化程度对劳动密集型环节生产外包方式选择的影响在10%统计水平上显著为正，且细碎化程度每增加1%，稻农在整地与收割环节雇用人工的可能性将提高 1.94%、1.51%，与预期一致。表明土地细碎化抑制农机应用，抬升农机使用成本，促使稻农雇用人工的可能性提高。

表6-3　水稻生产环节外包方式选择影响的模型估计结果

解释变量	整地环节		收割环节	
	回归系数	边际效应	回归系数	边际效应
水田面积	0.003 0***	0.000 3***	0.003 4***	0.000 6***
	(0.001 15)	(0.000 1)	(0.001 07)	(0.000 2)
是否山地地形	3.063***	0.303 4***	1.370***	0.245 0***
	(0.953)	(0.096 6)	(0.442)	(0.079 8)
是否丘陵地形	1.042***	0.103 2***	0.280*	0.044 7*
	(0.344)	(0.034 5)	(0.153)	(0.029 1)
是否确权	0.106	0.010 5	0.284*	0.049 4*
	(0.229)	(0.022 5)	(0.146)	(0.026 7)
户主年龄	−0.011 2	−0.001 1	−0.012 6**	−0.002 3**
	(0.008 5)	(0.000 9)	(0.005 4)	(0.001 0)
户主文化程度	−0.213	−0.021 1	−0.120	−0.021 6
	(0.132)	(0.013 1)	(0.073 3)	(0.013 4)
务农劳动力人数	0.252***	0.024 9***	0.146**	0.026 6**
	(0.090 2)	(0.009 2)	(0.062 9)	(0.011 6)
务农劳动力兼业比例	0.603***	0.059 7***	0.294*	0.053 5*
	(0.225)	(0.023 3)	(0.157)	(0.028 7)
是否有纯非农劳动力	0.234	0.023 2	0.442*	0.080 4*
	(0.227)	(0.022 3)	(0.154)	(0.027 9)
家庭收入	0.017 1	0.001 7	−0.065 4	−0.012 0
	(0.099 6)	(0.009 9)	(0.057 8)	(0.010 6)
种植季数	0.099 4	0.009 8	0.124	0.018 6
	(0.203)	(0.020 0)	(0.130)	(0.024 0)
雇工费用	−0.005 1**	−0.000 1**	−0.008 5**	−0.001 6**
	(0.002 5)	(0.000 2)	(0.003 5)	(0.000 6)
雇机械费用	—	—	0.006 25**	0.001 2**
	—	—	(0.002 76)	(0.000 5)
水田细碎化程度	0.196*	0.019 4*	0.080 0*	0.015 1*
	(0.113 9)	(0.011 3)	(0.090 3)	(0.016 6)
村庄交通条件	−0.060 8	−0.006 0	−0.060 8	−0.012 8
	(0.146)	(0.014 4)	(0.075 8)	(0.014 9)
村到镇中心的距离	0.017 9	0.001 8	0.034 7	0.006 3
	(0.031 6)	(0.003 2)	(0.023 9)	(0.004 3)

（续）

解释变量	整地环节		收割环节	
	回归系数	边际效应	回归系数	边际效应
所在县经济发展水平	0.567 3**	0.056 2**	0.255*	0.046 8*
	(0.251 4)	(0.025 7)	(0.149 2)	(0.027 2)
省份	引入	引入	引入	引入
Constant	−4.913***	—	−3.000***	—
	(1.664)	—	(0.931)	—
Pseudo R^2	0.191 8	—	0.064 1	—

注：***、** 和 * 分别表示在1%、5%和10%统计水平显著，括号内数字为稳健标准误。

6.4.4 经营规模与地形条件对生产环节外包方式选择的交互影响

由表6-4可知，水田面积与山地地形的交互项、水田面积与丘陵地形的交互项对水稻劳动密集型环节生产外包方式选择的影响均显著为正，表明稻农家庭水稻生产规模越大，且所处地区的地形越不平坦，农业机械使用受限与使用成本较高，使其在劳动密集型环节选择雇请人工的概率更高，研究假说六得到验证。

表6-4 交互项对水稻生产环节外包方式选择影响的估计结果

变量	整地环节		收割环节	
	回归系数	边际效应	回归系数	边际效应
水田面积	0.035 3*	0.003 4*	0.003 9***	0.000 7***
	(0.018 3)	(0.001 8)	(0.001 0)	(0.000 2)
山区地形	3.988***	0.386 6***	1.531***	0.278 2***
	(1.277)	(0.127 9)	(0.478)	(0.086 3)
丘陵地形	1.671***	0.162 0***	0.329**	0.059 7**
	(0.535)	(0.053 4)	(0.167)	(0.030 3)
水田面积×山区地形	0.113*	0.010 9*	0.036 8*	0.006 7*
	(0.062 8)	(0.006 1)	(0.018 8)	(0.003 4)
水田面积×丘陵地形	0.125**	0.012 1**	0.003 81*	0.000 7*
	(0.060 6)	(0.005 9)	(0.002 30)	(0.000 4)
其他控制变量	引入	引入	引入	引入
省份	引入	引入	引入	引入
Pseudo R^2	0.208 4		0.071 2	

注：***、** 和 * 分别表示在1%、5%和10%统计水平显著，括号内数字为稳健标准误。

6.5　结论与启示

本章基于粤赣两省 2016 年 1 614 户水稻种植户的微观调查数据，从经营规模与地形条件角度实证分析了稻农在水稻劳动密集型环节生产外包方式选择的影响因素。研究结果表明：①水田经营规模对生产环节外包方式选择有显著的正向影响，水稻种植规模越大，稻农在劳动密集型环节雇请人工的可能性越高。尤其是在收割环节，水稻成熟后，收割机械社会化服务还未进入市场提供服务时，通过雇请人工加快农业生产进度有助于避免自然风险带来的损失。水稻经营规模越大，稻农雇请人工的激励更大。②地形条件对水稻劳动密集型环节生产外包方式选择有显著正向影响，相对于平原地区而言，稻农所处地区为山地与丘陵地形，其在劳动密集型环节雇请人工的可能性更高，其中，处于山地地形的稻农在整地与收割环节雇请人工的概率大于处于丘陵地形的稻农。③经营规模与地形条件对劳动密集型环节生产外包方式选择的交互影响显著为正，即在山地地形与丘陵地形区的稻农，其家庭水稻种植规模越大，其在劳动密集型环节雇请人工的可能性更高。④在控制变量方面，农地确权、是否有纯非农劳动力、雇机械费用对收割环节生产外包方式选择有显著的正向影响，务农劳动力人数、务农劳动力兼业比例、水田细碎化程度、所在县经济发展水平对稻农在劳动密集型环节生产外包方式选择有显著的正向影响，而雇工费用对劳动密集型生产环节外包方式选择的影响显著为负，即雇工费用越高，稻农在整地与收割环节雇请人工作业的可能性越低。

本研究具有重要的政策启示，为促进小农与现代农业有机衔接，提高农业生产效率，提出以下对策建议：

一是在农村劳动力持续外出，农业用工成本不断攀升与农业劳动力弱质化趋势加重背景下，为提高农业生产机械化水平，引导农机社会化服务发展，促进小农与现代农业有机衔接，应构建农业社会化服务供需对接平台，促进农业社会化服务供需双方快速对接，提高农户家庭农业生产效率；

二是支持与引导研发适用于山地与丘陵地区水稻生产的农业机械，提高非平原地区水稻生产机械化水平与农机服务的可获得性，降低农机使用成本；推进高标准农田建设，改造农业基础设施，探索"土地置换整合""土地托管"等降低土地细碎化的有效形式，扩大农机应用范围；

三是支持农业社会化服务组织发展，鼓励各类农业经营主体积极参与农机服务供给，提高农机服务可获得性，规范市场竞争行为，防止农机社会化服务市场垄断与服务价格不合理上涨，促进农机社会化服务市场健康有序发展。

7 农地确权对水稻劳动密集型生产环节外包服务供给的影响[*]

农户参与生产环节外包服务供给有助于完善农业社会化服务体系，提高农业社会化服务可获得性。因而有必要明确农地确权背景下农机户参与农机服务供给的逻辑，为政策制定以增强农机户参与农机服务供给的激励提供决策依据。因此，本章基于粤赣水稻种植户中有整地与收割机械的稻农样本调查数据，通过构建计量模型，从农地确权视角实证分析农机户参与农机服务供给的影响因素。

7.1 引言

发展土地规模经营与服务规模经营既是中国农业现代化发展的重要方向，也是中国实现适度规模经营的两种主要路径。大力发展农业社会化服务，构建主体多元、模式多样、内容丰富的农业社会化服务体系有助于推进先进农业技术与农业装备的应用（谢琳等，2017），克服因农村劳动力转移而引致农业劳动力弱质化对农业生产的不利影响，进而提高农业生产效率（Xiaobo Zhang，2017），缓解"如何种地"的问题。与此同时，农业社会化服务水平的提高可诱使新型农业经营主体生成，促进土地适度规模经营的发展（姜松等，2016），破解"谁来种地"难题，保障国家粮食安全与重要农产品供给。然而，农业社会化服务面临服务供需结构不合理、供给专业化程度不高、人才缺失等困境（高强等，2013；林小莉等，2016），导致农户对所接受服务的满意度较低（张晓敏等，2015）。在农村劳动力向城镇与非农

　＊　本章原载于《农林经济管理学报》2018 年第 5 期。

领域转移的背景下，决策部门以期通过自上而下的方式实施农地确权政策促进农地流转，推动土地适度规模经营的快速发展，实现农地资源优化配置。虽然学界对农地确权能否促进农地流转的认识存在分歧，未形成一致共识，但在农村劳动力大规模转移与政策引导的共同作用下，参与农地流转的农户比例不断提高，农户户均经营规模持续提升（何欣等，2016）。经营规模的扩张不但促使新型经营主体对农机作业服务的需求强烈（夏蓓等，2016），而且激励农户进行与土地相关的生产性投资，尤其是购置农机具（蔡键等，2017）。但在农户利用自有农机满足家庭农业生产需要之余，是否会向其他农户提供农机作业服务？哪些因素影响其参与农机服务供给市场？对于以上问题的回答，有助于引导农机户积极参与农机服务供给市场，完善农业社会化服务体系，提高普通农户农业生产性服务的可获得性，提升农业社会化服务水平。

事实上，农户一旦对具有较高资产专用性特征的农机具进行投资，在家庭经营规模没有达到农机作业能力所要求匹配的规模条件下，农业机械投资面临较高的沉没成本。而通过向其他农户提供农机作业服务，一方面，能够有效缓解农机利用效率不高的问题，缩短投资回收期，拓宽农机投资主体的家庭收入渠道，增加家庭收入；另一方面，促进服务规模经营发展，提高农业社会化服务的可获得性，避免同一农村区域内农机投资过度，造成资源的闲置与浪费（姜长云等，2014）。

通过文献分析发现，当前关于农业社会化服务的研究主要集中在讨论社会化服务发展的现状（孔祥智等，2009）、演变历程（高强，2013；芦千文等，2016）、服务模式（芦千文，2017），以及农业经营主体对社会化服务的需求现状（王钊等，2015；罗小锋等，2016），影响社会化服务需求与采用行为的因素（庄丽娟等，2011），但鲜见对社会化服务供给主体供给行为及其影响因素的研究。为数不多的与农业社会化服务供给相关的文献也主要在探讨社会化服务的供给模式及其评价（王洋等，2011；蒋永穆等，2016）以及描述分析供给现状（谈存峰等，2010）。虽然有学者从供给角度描述了专业大户、农民合作社、农业企业提供社会化服务类型与数量的差异，并采用工具变量法，从经营规模、盈利能力、政府支持与经营者特征等四个方面实证分析了这三类新型农业经营主体社会化服务供给数量的影响因素（钟真等，2014），但没有从微观视角研究影响农户参与具体农业社会化服务供给类型的因素。因此，在当前构建与完善农业社会化服务体系过程中主要以农民合作组织与涉农企业为重点支持对象的政策背景下（宋洪远，2010），对微观农户参与农业生产性服务供给行为的研究缺乏重视。事实上，农户主要通过邻居、亲戚朋友获得生产性服务（谈存峰等，2010），个体农户已成为农业社会化服务的供给主体（金高峰，2015），表明农户已经不再是单纯的农业生产者，而是兼具农业生产者与生产服务供给者的角色。在此基础上，引导农户积极参与农业社会化服务供给对于完善社会化服务体系，提高农业社会化服务水平具有重要的促进作用。

已有文献为本研究的推进奠定了较好的基础，但存在以下不足：第一，研究对象不够细化。已有研究只对专业大户与农业服务组织进行研究，而现实中数量众多的小农户也对劳动密集型环节的农业机械进行投资，具备提供社会化服务的意愿与能力。第二，忽略了农业生产服务类型的异质性。已有文献研究了影响农业生产服务供给主体供给服务数量的因素，而没有涉及不同类型服务供给的差异；事实上，由于不同服务类型具有显著的差异，致使影响服务供给主体提供不同类型服务的因素也是存在差异的。第三，相关研究多以描述分析为主，鲜见从实证角度分析农业社会化服务供给的文献（吴明凤等，2017）。虽然有研究表明土地大调整使农地产权不稳定对机械这类与土地不相关的长期投资没有显著的影响（许庆等，2005），但对农户利用农机行为具有潜在的影响。

农地确权通过确权颁证明确了地块空间位置、"四至"与面积，使农地产权边界明晰，降低了农机作业服务供给双方关于地块的信息不对称性，改变了农机服务供给成本收益结构，有助于节约农机服务供给方的交易费用，进而增强其参与农机服务供给的意愿。因此，本章将基于江西与广东两省的水稻种植户调研数据，以投资了整地环节与收割环节农业机械的稻农为研究对象，分析其在拥有劳动密集型环节农机后的农机使用行为，从农地确权角度实证检验影响其利用农机向其他农户提供农机作业服务的因素，为引导农机户积极参与农机作业服务供给市场，构建新型农业社会化服务体系提供有效的政策建议。

7.2   研究假说

为稳定农村土地承包经营权，促进农地流转，中国于 2013 年开始全面实施新一轮农村土地确权工作。农地确权虽然降低了农地产权的模糊度，使农地产权得到清晰界定，但固化了承包权，因而可能对农户参与农机服务供给行为产生双向作用。

7.2.1   农地确权、信息不对称对农机服务供给参与的影响

首先，农地确权可能通过降低信息不对称来促进农户参与农机服务供给。农地确权主要在地籍调查与地块测量的基础上向农户发放土地承包经营权证，解决农地产权边界不清晰的问题，使地块的四至与具体面积得到明确。而在未进行农地确权的情况下，农业社会化服务供需双方对已完成作业面积的认定可通过以下两种方式来完成：一是由农机服务供给方重新测量，二是由服务需求方提供信息。前者多发生在缺乏信任基础的非熟人之间，致使农机户在供给农机服务过程中的工作量增加，供给成本上升，农机服务供给收益降低，进而抑制其参与农机服务供给的意愿；后者多发生在具有较高信任度的熟人之间。在服务供需双方是熟人的前提下，如果服务供给方仍坚持通过重新测量已完成的作业面积来计算作业服务费用，将使服务需求方感到不被信任，导致供需双方关系出现生疏倾向，进而损害双方个体的社会资本。农机服务供给方这种行为可能被需求方视为"敌对"行为，迫使需求方利用熟人社会中重复博弈机制实施惩罚策略。因此，服务需求方可能在未来农机社会化服务市场上采取更换农机服务供给方的惩罚行为，造成农机服务供给方业务量萎缩，使其农机服务供给收益减少。为避免这种局面出现，服务供给方将采用服务需求方提供的地块面积信息作为收取服务费用的依据。但在熟人关系条件下需求方仍可能做出隐藏真实地块信息的道德风险行为，谎报与少报已完成作业地块的面积，侵犯农机服务供给主体的利益，打击农机户提供农机服务的积极性。而农地确权能够有效降低农业社会化服务中关于地块信息的不对称性程度，通过降低地块信息搜寻成本与服务供给成本促进交易费用的节约，减少农机社会化服务交易中的纠纷，

进而提高农机户参与农机服务供给的意愿。据此，提出本研究的第七个研究假说：

H7：农地确权对农机户参与农机服务供给有正向影响。

7.2.2　农地确权、细碎化对农机服务供给参与的影响

其次，农地确权可能通过加剧农地细碎化状况而抑制农机户参与农机服务供给。改革开放以来，中国实行家庭联产承包责任制，农村土地平均分配给村庄集体成员，虽然激发了农民发展农业生产的热情，但也造成农地细碎化的局面。农地细碎化显著抑制稻农将劳动密集型生产环节外包（申红芳等，2015），而存在一定规模的农机服务需求是农机户参与农机服务供给的前提，促进农机社会化服务发展必须要引导农户将生产环节外包。因此，促进农机户参与农机服务供给的重要途径是缓解农地细碎化状况。首先，农地确权通过固化土地细碎化格局而抑制农户参与农机服务供给。农地确权虽然稳定了农村土地承包经营关系，降低了土地承包经营权的不确定性，但压缩了土地调整的空间（丰雷等，2013），导致农地细碎化的局面被固化（王海娟，2016；郎秀云，2015），不利于农业机械应用与效率的发挥，抑制农机户参与农机服务供给的热情。事实上，在农民工市民化背景下，农村劳动力转移使土地调整成为解决农地细碎化的有效途径，而且农民也有将土地并块以提高耕作便利度的强烈意愿（田孟等，2015）。其次，农地确权抑制农地流转，对改善农地细碎化状况无益。有学者指出农地确权并不会显著促进农地转出（胡新艳等，2016），甚至可能因为农地产权强度提升使农地"禀赋效应"增强而抑制农地流转（罗必良，2016）。因而以期通过农地确权促进农地流转，进而改善农地细碎化状况的目标也就无从实现。有学者进一步指出土地流转这种方式没有实现小块并大块的意图，根本无法改善农地细碎化状况（胡新艳等，2013）。据此，提出本研究的第八个研究假说：

H8：农地确权对农机户参与农机服务供给有负向影响。

可见，农地确权对农机户参与农机服务的供给行为可能存在双向的作用，究竟哪一种效应占主导地位，有待实证检验。

7.3 数据说明与变量设置

7.3.1 数据说明

本章以拥有水稻劳动密集型环节农业机械的稻农样本为研究对象，其中拥有整地机械的农户有 561 户，拥有水稻收割机械的为 403 户，同时拥有两种机械的农户有 177 户，因而在这两个环节拥有至少一种机械的样本农户为 787 户。

由表 7-1 可知，所有拥有劳动密集型环节农业机械的水稻种植户户均稻田面积为 10.82 亩，而购置了整地机械的稻农户均稻田面积为 15.45 亩，投资了收割机械的稻农户均稻田面积为 19.01 亩。其中江西省投资了整地机械与收割机械的稻农家庭的水田经营规模更大，分别为 25.86 亩、45.93 亩。数据表明投资了收割机械的农户的家庭水田经营面积比只拥有整地机械的农户要大，究其原因，可能与收割机械市场价格和作业能力更强的特点密切相关。收割机械作业能力比整地机械更强，市场价格更高，要求与之匹配的经营规模更大，才能加快收割机械的投资回收。

7.3.2 变量设置

农业生产机械服务需求是农机户参与农机服务供给的前提，但由于课题组没有调查村庄区域层面的农机服务需求状况，故以存在农机作业服务需求市场为本研究暗含的背景。因为在农村劳动力转移背景下，不仅农业劳动力弱质化趋势加重，而且在农忙季节易出现劳动力短缺现象，也面临农业生产机会成本较高的问题，而农户通过借助农机服务，能够有效克服务农劳动力不足与弱质化的问题，促进农业生产效率的提高，进而降低农业生产成本。因此，农村劳动力非农转移背景下农户普遍需要借助农机社会化服务来完成农业生产活动，也为农机户进入农业机械服务供给市场提供了条件。

（1）被解释变量。本章以拥有劳动密集型环节整地机械与收割机械的水稻种植户为研究对象，考察其参与农机服务供给行为。被解释变量为"是否参与农机服务供给"，"1"表示参与相应环节农业机械作业服务供给，"0"表示不参与。由表 7-1 可见，拥有整地机械的农户多于拥有收割机械的农户，但利用自有整地机械提供外包服务的农户的比例低于拥有收割机械的农户。出现这种状况的原因如下：

首先，可能与不同环节农业机械的特性密切相关，一是与农业机械的作业效率相关。由于水稻生产领域的整地机械作业效率低于收割机械，致使在一定的时间内，收割机械的作业规模远大于整地机械，因而拥有收割机械的农户更有能力向其他农户提供农机服务。二是与农业机械的价值相关。由于整地机械的市场价值要远低于收割机械，有能力购买整地机械的农户数量更多，因而拥有整地机械的农户比例更高。此外，收割机械面临更高的沉没成本，用途被锁定在特定农作物的生产上，导致资产专用性更强。为提高收割机械的利用率，尽快收回投资成本，增加家庭收入，农机户更倾向于为其他农户提供收割环节外包服务。

表 7-1 农户参与农机供给服务的区域差异

指标	全样本			江西			广东		
	样本量	是否参与农机服务供给	农机户水田面积	样本量	是否参与农机服务供给	农机户水田面积	样本量	是否参与农机服务供给	农机户水田面积
		均值	标准差			均值	标准差			均值	标准差	
整地机械	561	0.342	0.475	15.45	314	0.213	0.41	25.86	247	0.504	0.501	2.47
收割机械	403	0.443	0.497	19.01	155	0.29	0.455	45.93	248	0.538	0.499	2.32
水稻种植	1 998			10.82	1 439			14.06	559			2.48

数据来源：课题组于2016年对粤赣两省水稻种植户的调查。

其次，从区域对比看，来自江西省的被调查样本的农机户参与农机服务供给的比例低于广东的农机户。江西作为中国粮食主产区之一，户均经营规模远高于广东。由表 7-1 可见，江西省拥有整地机械与收割机械的稻农家庭平均水田经营规模分别为 25.86 亩与 45.93 亩，而广东省拥有整地与收割机械的稻农家庭平均水田经营规模不到 3 亩。一般而言，规模越大，农机户越可能将农业机械主要用于自家农业生产，而无暇提供外包服务。事实上，广东大部分地区农机户家庭水田经营规模普遍偏小，无法与农业机械所要求的农业经营规模相匹配，而通过向其他农户提供农机外包服务能够满足农业机械对经营规模的要求。同时，通过提供农机服务能够提高农业机械的利用率，增加家庭收入。

最后，江西作为中国粮食主产区之一，水稻整体种植规模相对较大，对农机服务的需求较大，而且地处中国东西南北交接的中部地区，比较容易向东西南北辐射，其潜在的服务规模经济优势对农机服务供给主体具有较大的吸引力，诱使区外的农机服务供给主体跨区进入江西为稻农提供农机服务，进而抑制本地农户参与农机服务供给。

（2）核心解释变量。农地确权作为本章的核心变量，按照本章概念界定，本章所研究的农地确权是指在实测的基础上通过颁发土地承包经营权证明确农户家庭承包地的空间位置、面积与四至，即确权到户。"1"表示已确权到户、"0"表示还未确权到户。由表7-2可见，50%以上的被调查区域的农地已经确权到户。

（3）控制变量。一方面，由于农机户是否参与农机服务供给属于微观个体行为决策范畴；另一方面，现有关于农机服务供给的实证研究非常缺乏，因而在变量选择方面可借鉴水稻生产环节外包行为的相关研究。本章主要选取了家庭禀赋特征、户主个体特征、村庄土地细碎化状况、机械服务价格、所在县经济发展水平、所在村庄交通状况、到镇中心的距离、地形等17个指标作为控制变量，其中家庭禀赋特征包括人力资本、经济资本、社会资本与自然资本四方面。

①家庭禀赋特征。申红芳等（2015）研究表明家庭劳动力要素、土地要素与经济特征对稻农生产环节外包具有影响。因此，本章将家庭人力资本、经济资本与以土地为主要内容的自然资本作为控制变量纳入模型。与现有研究不同的是，本章还考虑了稻农家庭社会资本对其参与农机服务供给可能存在的影响。

家庭人力资本用务农劳动力人数、劳动力从事纯非农工作①、务农劳动力兼业比例等3个变量来测量。一般而言，务农劳动力人数越多，家庭农业生产能力越强，通过家庭内部分工协作使其农业生产进度可能快于务农劳动力较少的家庭，促使家庭成员有更多时间利用自有农机为其他农户提供外包服务。而家庭劳动力中有人从事纯非农工作与务农劳动力兼业比例越高，家庭农业生产在农忙季节面临劳动力不足的约束越强务农机会成本越高，这可

---

① 纯非农工作是指农户从农村或农业领域转移到城市或非农领域就业而不再从事农业生产。

能抑制家庭成员参与农机服务供给的行为。

家庭经济资本采用家庭总收入与农业收入占比来测量。家庭总收入越高，农户可能具有更强的闲暇偏好，对参与耗体力的农业生产机械服务供给的意愿较低。农业收入占比反映农业收入在家庭中的重要性，体现家庭对农业收入的依赖程度。农业收入占比越高，家庭对农业收入的依赖程度越强，农户越可能积极地参与农机服务的供给。

家庭社会资本采用家庭中是否有村干部与亲朋好友多不多两个指标来测量。村庄基层干部通过民主选举产生，为了在下一次换届选举中取得连任，甚至是晋升，村干部比较重视在日常生活中积累良好的个人声誉。家庭成员参与农机服务供给市场，满足了其他农户对农机服务的迫切需求，使其家庭获得较好的口碑。因而农机户家庭成员中有村干部，其供给农机服务的积极性较高。中国传统农村社会人际关系按"差序格局"建构，形成以己为中心的社会关系网络，关系紧密的亲朋好友更靠近个人社会关系网络中心，因而农机户首先向周边熟悉的农户提供农机作业服务。亲朋好友既可帮助农机户开拓农机服务市场，同时又是农机户潜在的服务对象，因而农机户家庭亲朋好友越多，其提供农机服务的可能性越大。

家庭自然资本采用水田面积与水稻种植模式来测度。水田面积越大，农户要投入更多的劳动力资源或劳动时间在家庭农业生产方面，挤占提供农机服务的时间，导致农机户参与农机服务供给的可能性降低。相较于种植一季的农户，种植两季水稻农机户因"双抢"①而在农忙季节更容易受到家庭劳动力不足的约束，从而抑制其提供农机社会化服务的行为。

②户主个体特征。研究表明，农业经营主体决策者个体特征对其农业社会化服务供给数量有显著影响（钟真等，2014），因此，本章将稻农家庭户主个体特征纳入控制变量。一般而言，在农村青壮年劳动力外流背景下，户主作为家庭最重要的劳动力，主要负责家庭机械操作，其年龄越大，一般意味着身体状况较差、机械操作能力下降，导致其参与农机服务供给市场积极性较低。户主文化程度越高，其操作农机能力更强，为其他农户提供农机服

---

① "双抢"：特指水稻生产中存在"抢收""抢种"现象，种两季的农户在早稻收割完后立即栽插晚稻，因而叫"双抢"。为避免受自然影响而造成损失，早稻收割与晚稻插播要求在尽可能短的时间内完成。

表7-2 变量设置与描述性统计

变量类型	变量	变量说明	整地环节样本 均值	整地环节样本 标准差	收割环节样本 均值	收割环节样本 标准差
被解释变量	是否参与农机服务供给	1=是; 0=否	0.342	0.475	0.443	0.497
核心变量	农地是否确权	1=是; 0=否	0.537	0.499	0.528	0.500
控制变量 人力资本	务农劳动力人数	人	2.049	0.969	2.000	0.925
	是否有家庭劳动力从事纯非农工作	1=是; 0=否	0.659	0.474	0.681	0.466
	务农劳动力兼业比例	兼业人数与务农劳动力总数之比	0.290	0.386	0.325	0.406
经济资本	家庭总收入	1=1万元以下; 2=1万~3万元; 3=3万~5万元; 4=5万~10万元; 5=10万元以上	2.940	1.192	3.017	1.261
社会资本	农业收入占比	1=10%及以下; 2=10%~50%; 3=50%~90%; 4=90%以上	2.226	1.060	2.294	1.074
	是否有村干部	0=无; 1=是	0.191	0.393	0.193	0.396
	亲朋好友多不多	1=很少; 2=一般; 3=较多	2.505	0.638	1	3
自然资本	水田面积	亩	15.451	59.385	19.014	76.615
	种植模式	1=一种一季; 2=两种两季	1.811	0.392	1.797	0.403
	户主年龄	实际数值	50.359	12.062	50.472	12.313
个体特征	户主文化程度	1=小学; 2=初中; 3=高中(中专); 4=高中(中专)以上	1.746	0.880	1.840	0.921
	是否有务工经历	1=是; 0=否	0.555	0.497	0.598	0.491
	村庄土地细碎化	田块数与水田面积之比	1.592	1.408	1.728	1.732
	机械服务价格	元/亩	—	—	120.259	43.407
	县经济发展水平	1=很低; 2=相对低; 3=中游; 4=比较高; 5=很高	3.184	0.955	2.909	0.992
外部环境特征	村庄交通状况	1=很差; 2=较差; 3=一般; 4=较好; 5=很好	3.431	0.897	3.447	0.920
	到乡镇中心的距离	公里	5.410	4.636	5.695	7.610
	山区地形	1=是; 0=否	0.191	0.393	0.227	0.420
	丘陵地形	1=是; 0=否	0.595	0.491	0.489	0.500
	平原地形	1=是; 0=否	0.214	0.410	0.284	0.451

务的可能性越大。拥有务工经历意味着户主可能具备一定的非农技能，致使其从事农业生产机会成本较高，进而抑制其参与农机服务供给市场行为。

③外部环境特征。对水稻生产环节外包的相关研究表明，地形、到乡镇的距离、村庄交通条件等外部环境特征影响水稻生产环节外包行为（陈思羽等，2014；陈江华等，2016）。因此，参考现有研究，本章将使用村庄地形、土地细碎化状况、县经济发展水平、到镇中心的距离、村庄交通状况等变量来测量外包环境特征。地形对农业机械的应用形成较强的约束，地形越平坦，农机作业效率越高，农户参与农机服务供给的可能性更大。周边村庄土地细碎化程度影响农机户提供农机服务的热情。较高的土地细碎化程度导致农业机械应用困难，从而降低其提供农机服务的可能性。机械服务价格越高，农机户参与农机服务供给越可能有利可图，进而提高其参与农机服务供给的积极性。农户所在县经济发展水平越高，当地农业社会化服务市场发育较好，对农业社会化服务的需求也较大，促进农机户积极参与农机服务供给。村庄交通状况越好，越有助于降低交通成本进而促进农机户远距离提供农机作业服务。到镇中心距离越近，务农机会成本越高，农户参与农机服务供给的可能性将降低。

7.3.3 模型选择

拥有农业机械的农户是否参与农机服务供给是在家庭禀赋的约束下，通过优化配置家庭劳动力资源，是其追求家庭收入最大化的行为选择。本章考察农机户是否已经向其他农户提供了农机作业服务，因而其行为可分为（$Y_i = 1$）是、否（$Y_i = 0$）两种。假定农机户向其他农户提供农机服务的潜在收益为Y_p^*，不提供农机服务而把劳动力配置于其他领域所获得的潜在收益为Y_d^*。农户作为理性经济人，必定在比较成本与收益的基础上做出行动选择。只有当参与农机服务供给的潜在收益大于不参与农机服务供给的潜在收益时，才会做出向其他农户提供农机作业服务的决策。换言之，农户参与农机服务供给的行为只有在$Y_p^* - Y_d^* = Y_i^* > 0$的情况下发生。由于现实中农机户对是否参与农机服务供给的潜在收益的判断主观性很强，因此，收益差值（Y_i^*）无法通过观测得到。但可通过以下潜变量模型来考察农机户是否参与农机服务供给的行为：

$$Y_i^* = X_i\beta + \varepsilon_i \qquad\qquad (7-1)$$

$$Y_i = \begin{cases} 1, 若 Y_i^* > 0 \\ 0, 若 Y_i^* \leqslant 0 \end{cases} \qquad\qquad (7-2)$$

其中Y_i^*为难以观测的潜变量。通过式（7-1）可非常直观地看出农户个体对于服务供给参与的行为选择。农户参与农机服务供给，则$Y_i=1$，未向其他农户提供农机作业服务，则$Y_i=0$。X_i为被调查农户承包地确权状况、家庭人力资本、家庭经济资本、家庭社会资本、家庭自然资本与包括户主个体特征在内的控制变量。β为相应解释变量的待估计系数。ε_i为残差项。假设式（7-1）中残差项ε_i服从方差为1、期望为0二元正态分布，则农机户参与农机服务供给的概率为可表达为：

$$P(Y_i=1|X) = P(Y_i^*>0|X) = P(\varepsilon_i > -X_i\beta) = F_\varepsilon(X_i\beta)$$

$$(7-3)$$

上式中$F_\varepsilon(\cdot)$是ε_i的累计分布函数。

7.4 模型估计结果与分析

本章首先检验模型是否存在多重共线性问题，发现各变量的方差膨胀因子均在3以下，小于10，表明变量选择不存在多重共线性问题。在模型残差项服从正态分布的情况下，计量方法选择Probit模型比较适用，而当残差项服从逻辑分布时，选择Logit模型是恰当的。为观察模型估计结果是否稳健，本章同时使用了这两种方法，并在Probit模型的基础上估计了解释变量对农户参与农机服务供给行为影响的边际效应。模型回归结果显示，模型整体显著性均在1%水平下显著。根据表7-3的模型估计结果分析如下：

表7-3　农地确权对农机服务供给参与行为影响的估计结果

变量类型	变量	整地环节			收割环节		
		Probit模型	Logit模型	边际效应	Probit模型	Logit模型	边际效应
核心变量	农地确权	0.198	0.336	0.057	0.183	0.366	0.047 7
		(0.212)	(0.371)	(0.052)	(0.405)	(0.776)	(0.105)

（续）

变量类型	变量	整地环节			收割环节		
		Probit 模型	Logit 模型	边际效应	Probit 模型	Logit 模型	边际效应
家庭人力资本	务农劳动力总数	0.022 1	0.002 65	0.006	0.311*	0.539*	0.081 2*
		(0.120)	(0.240)	(0.030)	(0.177)	(0.323)	(0.045)
	纯非农工作	0.229	0.355	0.066	0.691*	1.124*	0.182 8*
		(0.242)	(0.447)	(0.057)	(0.392)	(0.675)	(0.102)
	兼业比例	0.679**	1.111*	0.162 0**	0.345*	0.548*	0.124 5*
		(0.324)	(0.592)	(0.077)	(0.205)	(0.337)	(0.073)
家庭经济资本	家庭收入	0.041 8	0.103	0.016	−0.157	−0.247	−0.041 0
		(0.105)	(0.188)	(0.025)	(0.152)	(0.277)	(0.039)
	农业收入占比	0.146	0.289	0.043	0.124	0.205	0.032 4
		(0.136)	(0.263)	(0.032)	(0.160)	(0.293)	(0.042)
家庭社会资本	是否有村干部	0.165	0.296	0.045	0.118	0.183	0.030 8
		(0.213)	(0.366)	(0.051)	(0.331)	(0.565)	(0.086)
	亲朋好友数量	−0.104	−0.215	−0.025	−0.095	−C.160	−0.024
		(0.148)	(0.268)	(0.035)	(0.211)	0.380	(0.054)
家庭自然资本	水田面积的对数	0.016***	0.026***	0.004***	0.011*	0.017*	0.003*
		(0.005)	(0.009)	(0.001)	(0.006)	(0.010)	0.002
	水田面积平方的对数	−0.000 3***	−0.000 5***	−0.000 4***	−0.000 1*	−0.000 3*	−0.000 7*
		(0.000 1)	(0.000 1)	(0.000 2)	(0.000 7)	(0.000 2)	(0.000 4)
	种植模式	−0.625***	−1.120***	−0.124**	0.640**	1.039*	0.167 2**
		(0.232)	(0.417)	(0.054)	(0.306)	(0.555)	(0.079)
户主个体特征	户主年龄	−0.020 8*	−0.036 4*	−0.006**	0.007	0.011 0	0.001 7
		(0.011)	(0.021)	(0.003)	(0.017)	(0.031)	(0.004)
	户主文化程度	−0.316**	−0.570**	−0.078**	0.093 6	0.165	0.024 5
		(0.147)	(0.277)	(0.035)	(0.184)	(0.319)	(0.048)
	户主务工经历	0.252	0.469	0.044	0.298*	0.489*	0.107 4*
		(0.207)	(0.378)	(0.048)	(0.171)	(0.279)	(0.061)
外部环境特征	村庄土地细碎化	−0.423***	−0.746***	−0.101***	−0.087 1*	−0.139*	−0.031 4*
		(0.142)	(0.269)	(0.034)	(0.047)	(0.077)	(0.012)
	机械服务价格	—	—	—	0.004 87**	0.007 9**	0.001 8***
					(0.002)	(0.003)	(0.001)

（续）

变量类型	变量	整地环节			收割环节		
		Probit 模型	Logit 模型	边际效应	Probit 模型	Logit 模型	边际效应
外部环境特征	县经济发展水平	0.852***	1.492***	0.216***	−0.483	−0.783	−0.126 0
		(0.269)	(0.509)	(0.065)	(0.383)	(0.652)	(0.099)
	村庄交通状况	−0.082 2	−0.140	−0.024	0.053 6	0.073 4	0.014 0
		(0.119)	(0.228)	(0.028)	(0.136)	(0.242)	0.035 6
	到乡镇距离	−0.057 9	−0.108	−0.013 8	0.105**	0.175**	0.027 5**
		(0.037)	(0.071 3)	(0.009)	(0.044)	(0.079)	(0.011)
	丘陵地形	0.144	0.375	−0.035	5.936***	16.76***	1.550 1***
		(0.537)	(0.994)	(0.130)	(0.842)	(1.359)	(0.247)
	平原地形	0.601*	1.908*	0.219*	6.320***	17.37***	1.650 2***
		(0.226)	(1.145)	(0.148)	(0.899)	(1.459)	(0.262)
	省份	已控制	已控制	已控制	已控制	已控制	已控制
常数项	Constant	−1.339	−2.460	—	−9.743***	−23.30***	—
		(1.644)	(3.093)	—	(2.298)	(4.232)	—
适配指标	Pseudo R^2	0.174 9	0.175 0	—	0.229 2	0.225 1	—

注：***、** 和 * 分别表示在 1%、5% 和 10% 统计水平显著，括号内数字为稳健标准误。

7.4.1 农地确权对农机户参与农机服务供给的影响

农地确权对拥有整地机械与收割机械的农户参与农机服务供给虽有正向影响，但却未通过显著性检验，研究假说 7、假说 8 未得到验证。究其原因，可能与农地确权时间短，效应滞后密切相关。但更为重要的是，中国传统农村社会具有显著的熟人社会特征，农户之间的熟悉程度较高，信息不对称性较低，具备较好的信任基础，因而农机服务供需双方都是对方个体社会资本的组成部分。所以，享受了农机服务的稻农一旦实施欺骗的机会主义行为而谎报与少报农机作业面积，不仅将导致个人及家庭声誉贬损，使家庭农业生产服务获取在后期陷于困境之中，还会使个体社会资本损失。况且农户在有限的地域空间内交往密切的情形下，农机服务供需双方形成事实上的重复博弈关系，使农机服务需求方的机会主义行为存在被供给方惩罚的空间。可见，在声誉机制与重复博弈机制的共同作用下，农机服务需求方实施欺骗行为的潜在收益小于行动成本，从而降低农机服务需求方实施谎报与少报农机作业面积的机会主义行为发生的概率。因此，农地确权并不会对通过降低农机服务供需双方之间关于地块信息的不对称性而显著促进农机户参与农机服务供给。此外，土地细碎化状况虽因农地确权颁证政策而被固化，但并没有因此而恶化，农地确权的实施反而阻止了农地调整的可能，因而农地确权作用于农地细碎化而影响农机户参与农机服务供给的假说也未通过检验。

7.4.2　家庭禀赋对农户参与农机服务供给的影响

（1）家庭人力资本维度。家庭务农劳动力总数对拥有整地机械的农户参与农机服务供给的正向影响未通过显著性检验，而对拥有收割机械的农户参与农机服务供给的正向影响在 10% 统计水平上显著，且边际效应为 0.081 2，表明家庭务农劳动力每增加 1 人，农机户向其他农户提供水稻收割服务的可能性增加 8.12%，与研究假说一致。家庭务农劳动力人数越多，农业生产能力越强，越能弥补因家庭成员提供水稻收割机械服务而造成的家庭劳动力短缺的问题，使操作农机的家庭成员有更多的时间向其他农民提供收割机械服务。家庭有劳动力从事纯非农工作对农机户参与水稻收割机械服务供给具有显著的正向影响，且在 10% 统计水平上显著，与预期不一致。这可能是因为，家庭有劳动力从事纯非农工作表明所在区域农村劳动力转移程度较高，导致农业生产在农忙时期受到劳动力不足的较强约束，促使其他农户对水稻收割机械服务需求强烈。在中国农村劳动力非农就业转移过程中社会关系网络发挥着重要的作用，农村劳动力通过亲友传帮带的形式向城镇与非农产业聚集，体现出一定的"羊群效应"（罗琦等，2016）。不仅如此，由于农业比较收益低，较早外出务工与经商的农民通过努力获得高于农业生产的收入，对其他从事农业生产的农民产生刺激，激励其做出向非农领域转移就业的决策。因此，家庭是否有纯非农劳动力能够在一定程度上体现村庄劳动力转移状况。

务农劳动力兼业比例对农机户参与整地机械服务供给的正向影响在 5% 统计水平上显著，且边际效应为 0.162 0，而在收割环节模型中，务农劳动力兼业比例对农机户参与收割机械服务供给的正向影响在 10% 统计水平上显著，且边际效应为 0.124 5，表明家庭务农劳动力兼业比例提升 1%，家庭成员参与整地与收割机械服务供给的可能性分别增加 16.20% 与 12.45%，结果与预期不符。一方面，可能是因为被调查对象所在的农村地区非农就业机会缺乏且非农工作不稳定，兼业农户主要在农闲时间从事非农工作，并不与农业生产时间存在冲突，因而也就不会挤占农机户供给农机服务的时间。农户在务农的同时从事非农工作有助于家庭劳动力资源在农业与非农领域的错峰配置，通过实现劳动力要素的优化配置来增加家庭收入（王全忠等，2015）。由表7-2可见，被调查农户家庭务农劳动力兼业比例在29.0%～32.5%，兼业比例不高。另一方面，从农机服务价格看，整地机械服务费用与收割机械服务费用已经在每亩百元之上，表明参与农机服务供给回报可观，在农忙时期从事非农工作反而面临较高的机会成本，此时非农就业收入低于农机服务供给收益。因此，兼业将显著促进农机户参与农机服务供给。

（2）家庭经济资本维度。家庭收入水平对农机户参与农机服务供给的影响并未通过显著性检验，研究假说未得到验证。农业收入占比对农机户参与农机服务供给同样未通过显著性检验，但其回归系数在模型中均为正，表明家庭对农业收入的依赖程度更高，农机户将积极参与农机服务供给以增加家庭收入。

（3）家庭社会资本维度。家庭社会资本对农机户参与农机服务供给的影响未通过显著性检验，表明家庭社会资本不是农机户参与农机服务供给的主要原因，该研究假说未得到验证。

（4）家庭自然资本维度。本章的一个重要发现是家庭水田经营规模对拥有整地与收割机械的农户参与整地与收割机械服务供给均具有显著的"倒U"形影响，即随着家庭水田规模的增加，农机户提供劳动密集型机械服务的可能性先上升，但当规模越过一定的临界点之后，经营规模继续增加将会导致其参与农机服务供给的可能性下降，结果与预期不一致。这可能是由于在稻田规模较小时，农机户家庭收入主要来源于非农就业。相较于时间自由支配的农业生产活动，农户从事非农工作受到规章制度的约束，使其整地机械服务供给行为受到制约，从而减少其参与农业劳动的时间。随着稻田规模扩大，农机户家庭对农业收入的依赖程度增加，但经营规模不足以与农业机械的作业能力相匹配，为提高农业机械的利用率，增加家庭收入，农机户倾向于为其他农户提供农业生产机械服务。当规模较大且超越临界点时，农业机械的作业能力只能满足家庭农业生产的需要，无暇顾及其他农户的农机服务需求，甚至需要引入农机社会化服务来完成家庭农业生产活动，因而家庭经营规模较大的农机户在劳动密集型环节提供农机服务的可能性下降。

水稻种植模式对农机户参与整地和收割机械服务供给的影响均通过显著性检验，但作用方向截然相反。即水稻种植模式对农户提供整地机械服务有显著的负向影响，而对收割机械服务供给行为有显著的促进作用。与种植一季水稻相比，种植两季的农户要将更多的时间投入在家庭农业生产方面，致使其向其他农户提供整地机械作业服务的时间下降，同时由于整地机械作业效率比收割机械低，导致种植两季的稻农将整地机械用于服务供给的可能性下降。与整地环节相比，种植两季水稻的稻农将自有收割机械用于提供外包服务的概率上升，究其原因，是因为水稻种植具有区域协同效应，习惯种植两季的地方实现了水稻种植在区域内的专业化与规模化。在收割机械昂贵与要求更高人力资本匹配的条件下，少部分农户投资了收割机械，使该地区对农业收割机械服务需求规模较大，诱使农机户积极参与收割服务供给。

7.4.3　户主个体特征对农户参与农机服务供给的影响

户主年龄对农机户参与整地机械服务外包的负向影响在 10％统计水平上显著，结果与预期一致。可能的原因是，在农村青壮年劳动力外流背景下，农业劳动力呈现老龄化现象，务农劳动力以中老年为主。因而户主作为家庭的重要劳动力，也是操作农业机械的主要负责人。随着年龄增大，农机操作能力下降，导致其参与农机服务供给的可能性下降。户主文化程度对其参与整地机械服务供给有显著的负向影响，结果与预期不一致。可能的原因是，文化程度较高的农户具有非农就业的比较优势，将较多的时间投入于非农生产领域，较少的时间投入在农业生产领域，降低其参与整地机械服务供给的积极性与可能性。户主务工经历对农机户参与整地机械服务供给的影响未通过显著性检验，而对农机户是否提供收割机械服务有显著的促进作用，结果与预期不一致。可能原因是，具有务工经历的农户对新事物的接受能力较强，善于学习新知识与新技能，具有较好的农机操作技能。而整地机械操作简单，大多数普通农户都能掌握，收割机械操作却较为复杂。因而具有务工经历的农户在收割机械操作方面更有比较优势，其参与收割机械服务供给的可能性更高。

7.4.4   外部环境特征对农户参与农机服务供给的影响

土地细碎化对农机户提供整地机械与收割机械服务的影响分别在1%与10%统计水平上显著，且作用方向为负，结果与预期一致。表明农机户所在地区农地细碎化程度越高，使农业机械的应用受到限制，导致农机作业效率降低，农机作业成本上升，不仅抑制了其他稻农对农机服务的需求，还减弱了农机户供给劳动密集型环节农机作业服务的积极性。机械服务价格对农机户参与收割机械服务供给的影响在5%统计水平上显著为正，表明机械服务价格越高，农机户参与农机服务供给可获得更高的收入，反而使非农工作的机会成本较高，因而其参与农机服务供给的可能性越大，结果与预期一致。县经济发展水平对农户提供整地机械服务存在显著的正向影响，且统计水平为1%，结果与预期一致。一方面，表明县域经济发展水平越高，该地区农业社会化服务水平较高，发展较为规范，农业生产服务交易成本较低；另一方面，县域经济发展水平越高，农村劳动力转移规模越大，稻农对农机社会化服务需求较大，使农机服务市场具备一定的规模经济效应，吸引农机户积极参与整地环节农机服务供给。距离镇中心的距离对农机户参与收割机械服务供给有显著的正向影响，结果与预期一致。究其原因，可能是由于远离城镇的农户家庭缺乏非农就业渠道收入，更愿意通过提供农机服务增加家庭收入。与山区地形相比，平原地形对农机户参与劳动密集型环节农业机械服务供给的影响显著为正，尤其是收割环节农业机械服务的供给，结果与预期一致。

7.4.5   稳健性检验

在本研究进行问卷调查时，中国农地确权并没有全面完成，而是以试点的方式逐步推进。但农地确权试点区域选择并不是按照随机原则确定的，农户参与农地流转比例较高或者农地流转规模较大的村庄被选为农地确权试点的可能性较大（程令国等，2016），因而本研究所用农地确权样本可能存在"自选择"的情况。因此，本章采用倾向得分匹配法（PSM）对农地确权对农机户参与农机服务供给的影响进行估计，观察结论与前文是否保持一致。

倾向得分匹配多应用于评估政策效应，主要是通过构造"反事实框架"，以接受处理的样本为实验组，未接受处理的样本归入控制组，依据可测变量尽可能相似的原则，从控制组中找到个体 j 与实验组中个体 i 相匹配，使其在可忽略性假设下个体 j 与个体 i 进入处理组的概率相近，从而使得来自实验组的个体 i 与来自控制组 j 的个体具有可比性（陈强，2014）。因而可将控制组 j 的被解释变量取值作为实验组 i 的估计量。那么，参与者平均处理效应（ATT）即为：

$$ATT = E(y_{1i} - y_{0i} \mid D = 1) \qquad (7-4)$$

其中，y_{1i} 表示实验组个体 i 在承包地确权之后参与农机服务供给的概率，y_{0i} 表示与验组个体 i 相匹配的控制组个体 j 在承包地未确权时参与农机服务供给的概率，D_i 为农地是否确权，即本章的处理变量，当 $D_i = 1$ 时，表明农户承包地已经确权到户。

本章采用了近邻匹配、核匹配与卡尺匹配三种方法对农地确权与农机户参与农机服务供给的关系进行了倾向得分匹配估计，结果显示（表 7-4），农地确权对农机户参与劳动密集型环节的整地与收割机械服务供给的政策效应的影响未通过显著性检验，结论与上文一致，表明模型估计结果稳健。

表 7-4 倾向得分匹配估计结果

环节类型	匹配方法		确权组	未确权组	政策效应	标准误	t 值
整地环节	近邻匹配	匹配前	0.225	0.186	0.039	0.052	0.74
		ATT	0.239	0.283	−0.044	0.087	−0.51
	核匹配	匹配前	0.225	0.186	0.039	0.052	0.74
		ATT	0.239	0.234	0.005	0.066	0.08
	卡尺匹配	匹配前	0.225	0.186	0.039	0.052	0.74
		ATT	0.239	0.244	−0.005	0.069	−0.07
收割环节	近邻匹配	匹配前	0.309	0.231	0.078	0.098	0.80
		ATT	0.305	0.162	0.143	0.182	0.79
	核匹配	匹配前	0.309	0.231	0.078	0.098	0.8
		ATT	0.298	0.217	0.081	0.166	0.48
	卡尺匹配	匹配前	0.309	0.231	0.078	0.098	0.8
		ATT	0.298	0.236	0.062	0.165	0.38

7.5 结论与启示

拥有农业机械的稻农利用自有机械积极参与农机服务供给，不仅有助于提高已投资农机的利用率，获取农机服务供给收益，拓宽家庭收入渠道，还可有效提升农业生产社会化服务的可获得性，对于完善农业社会化服务体系具有重要意义。本章利用江西与广东在整地与收割环节至少拥有其中一类农业机械的 787 份水稻种植户调研数据，研究了农地确权对农机户参与农机服务供给的影响，得出以下结论：第一，农地确权对农机户参与劳动密集型环节农业机械服务供给有正向影响，但未通过显著性检验，表明现阶段农地确权不是影响农户参与农机服务供给的主要因素。降低农机服务供需双方关于地块信息的不对称性可能促进农机户参与农机服务供给，但在农村熟人社会，农机服务供需双方关于地块信息的不对称性程度在声誉机制与重复博弈机制的共同作用下而降低，对农地确权降低地块信息不对性程度的作用机制形成替代。第二，不同家庭禀赋类型对农机户参与农机服务供给的影响存在差异。人力资本方面，家庭务农劳动力总数与有家庭成员从事纯非农工作对农机户参与收割机械服务供给有显著的正向影响。务农劳动力兼业比例对农机户提供整地与收割环节机械作业服务有显著的正向影响。家庭经济资本与社会资本对农机户参与农机服务供给行为并没有产生显著的影响。自然资本方面，水田面积对农机户参与整地与收割环节服务供给行为存在显著的"倒U"形影响。种植模式对不同劳动密集型环节服务供给的作用方向不一致，对农机户参与整地环节农机服务供给的影响显著为负，而对其是否提供收割环节机械服务的行为有显著的正向影响。控制变量方面，户主年龄与文化程度对其参与整地机械服务供给有显著的负向影响，而户主务工经历与到乡镇的距离对其参与收割机械服务供给有显著的正向影响。村庄土地细碎化程度对农机户参与整地机械与收割机械服务供给均存在显著的抑制作用，而机械服务价格与所处地区为平原地形对农机户参与这两类机械服务供给均存在显著的促进作用。

本研究具有重要的政策启示意义。为促进农机户积极参与农机服务供给市场，首先，完善农地确权工作，降低农机服务供需双方关于地块信息的不对称性；在农村劳动力转移背景下，农村由熟人社会向半熟人社会转变，相互间信任度下降，信息不对称性上升，而降低地块信息不对称有助于促进双方合作，提高农机户参与农机服务供给的可能性。其次，政府部门要积极作为，建立健全农机服务供需信息传播与对接机制，维护农机服务市场秩序，引导参与主体规范有序竞争，推进农村公共设施建设，降低农机利用成本，防止农机服务价格过快上涨。再次，重点引导家庭生产规模小于农机作业能力要求的经营规模的农户成立专业化农机服务组织，提高农机服务供给的专业化水平。最后，要改善农地细碎化程度，探索土地置换整合、联耕联种等方式，促进农机应用，提高农户参与农机服务供给的积极性。

8 农业生产要素配置与农机社会化服务供给行为[*]

8.1 问题提出

通过农地流转与集中实现农业规模经营是中国农业政策努力的重要方向，而在高昂交易成本的约束下，农地流转率滞后于农村劳动力非农转移比例，农地流转实践与政策导向出现偏差（罗必良，2017）。在此情形下，服务规模经营逐渐受到重视，被视为实现农业适度规模经营与农业现代化的另一重要路径。大力发展农业社会化服务，构建主体多元、模式多样、内容丰富的农业社会化服务体系有助于推进先进农业技术与农业装备的应用（谢琳、钟文晶，2017），克服因农村劳动力转移而引致农业劳动力弱质化对农业生产的不利影响，帮助小农户与现代农业有机衔接，使小农户卷入分工经济，进而提高农业生产效率（Zhang X et al.，2017；仇童伟、罗必良，2018），缓解"如何种地"的问题。与此同时，农业社会化服务水平的提高可诱导新型农业经营主体生成，促进土地适度规模经营的发展（姜松等，2016），破解"谁来种地"难题，从而保障国家粮食安全与重要农产品供给。然而，农业社会化服务面临服务供需结构不合理、供给专业化程度不高、人才缺失等困境（高强、孔祥智，2013；林小莉等，2016），导致农户对所接受服务的满意度较低（张晓敏、姜长云，2018）。因此，需要鼓励有能力的经营主体积极参与农业社会化服务供给，完善农业社会化服务体系，提高农业社会化服务的可获得性。

在农村劳动力非农转移背景下，决策部门推进农村集体产权制度改革，

＊ 本章原载于《江苏大学学报（社会科学版）》2019 年第 1 期。

实施农地"三权分置",以期在提高农地产权稳定性的同时,通过放活农地经营权促进农地流转,推动土地适度规模经营发展。在农村劳动力大规模转移与政策引导的共同作用下,虽然农地流转率滞后于农村劳动力转移比例,但参与农地流转的农户比例不断提高,农村户均经营规模持续提升(何欣等,2016)。经营规模扩张使农业经营主体易面临家庭务农劳动力不足的约束,同时日益上涨的农业雇工成本使机械替代人工趋势加强。此时,农业经营主体面临投资农机与引进机械服务的选择,而农机较高的资产专用性特征与沉淀成本使规模较小的农户投资农机的激励不足,转而对机械服务外包产生需求(蔡键等,2017;陈江华、罗明忠,2018)。相反,虽然经营规模较大的新型经营主体对农机作业服务的需求强烈(夏蓓、蒋乃华,2016),但其对与土地相关的生产性投资积极性较高,尤其是购置农机具(王全忠、周宏,2017)。与此同时,农机购置补贴政策的实施降低了农机购置成本,激励农户投资农业机械,显著促进了我国农业机械化水平提升(王许沁等,2018),一定程度上缓解了家庭经营规模对农机投资的约束。农业生产的季节性决定了农业机械使用频率低,为提高农机使用率,农机户在利用自有农机满足家庭农业生产需要之余,是否会向其他农户提供农机作业服务?家庭农业生产要素配置如何影响其农机作业服务供给行为?对于这些问题,现有文献鲜有关注。

事实上,农户一旦对具有较高资产专用性特征的农机具进行投资,在家庭经营规模尚未达到农机作业能力所要求匹配的规模条件时,农业机械投资面临较高的沉没成本。通过向其他农户提供农机作业服务,一方面,能够有效缓解农机利用效率不高的问题,缩短投资回收期,拓宽农机户家庭收入渠道,增加其家庭收入;另一方面,促进服务规模经营发展,提高农业社会化服务可获得性,避免同一农村区域内农机投资过度,造成资源的闲置与浪费(姜长云等,2014)。

通过对文献分析发现,当前对农业社会化服务的研究主要聚焦于农业社会化服务的发展现状(孔祥智等,2009)、演变历程(芦千文、姜长云,2016)、服务模式(芦千文,2017),以及农业经营主体对社会化服务的需求现状及其采用行为影响因素分析(王钊等,2015;庄丽娟等,2011),而对农业社会化服务供给的研究不多,主要在探讨社会化服务的供给模式及其评价，以及描述分析供给现状。有学者认为中国不同区域农业社会化服务供给领域存在政府主导型、集体经济组织主导型、专业合作组织主导型、涉农企业主导型、农业服务超市主导型等五种供给模式，并比较分析了其中存在的差异（蒋永穆、周宇晗，2016）。农业社会化服务供给来源方面，有研究表明，农户所需要的种养技术与病虫害防治技术主要来源于邻里、亲戚和朋友（谈存峰等，2010；韩剑萍、李秀萍，2018）。也有学者从供给角度描述了专业大户、农民合作社、农业企业提供社会化服务类型与数量的差异，并以服务供给数量来衡量农业社会化服务供给组织服务功能强弱，进而实证分析了这三类新型农业经营主体社会化服务功能强弱的影响因素，最后发现劳动使用数量、资本投入规模、经营者是否为本地人对服务供给主体服务功能强弱有显著正向影响（钟真等，2014）。此外，还有文献从农业供给侧结构性改革与农业生产服务供给质量提升角度出发，主张农业社会化服务组织应加强协同与合作，从单打独斗向价值共创与利益共享转变，从而构建农业社会化服务供应链（彭建仿，2017）。

既有研究农业社会化服务供给的文献为本研究推进奠定了较好的基础，但存在以下不足：第一，对微观农户缺乏关注，多以服务组织为研究重点。当前构建与完善农业社会化服务体系过程中主要以农民合作组织与涉农企业为重点支持对象（宋洪远，2010），但现实中个体农户已成为农业社会化服务的供给主体（金高峰，2015），农户已经不再是单纯的农业生产者，而是兼具农业生产者与生产服务供给者的角色。对于数量众多且对水稻劳动密集型环节农业机械进行了投资的小农户而言，其已具备提供农机社会化服务的意愿与能力（王全忠、周宏，2017）。在此基础上，引导农户积极参与农业社会化服务供给对于完善社会化服务体系，提高农业社会化服务水平具有重要的促进作用。第二，忽略了农业生产服务类型的异质性。已有文献研究了影响农业服务供给主体服务功能强弱的因素，而没有涉及不同类型服务供给的差异；事实上，由于不同服务类型具有显著的差异，致使影响服务供给主体提供不同类型服务的因素也存在较大的差异。第三，相关研究多以描述分析为主，缺乏从实证角度分析农业社会化服务供给的文献（吴明凤、李容，2017）。因此，本章将基于全国8省水稻种植户调研数据，以对整地和收割机械投资的稻农为研究对象，分析其在拥有劳动密集型环节农机后的农机使用行为，从家庭农业生产要素配置视角实证检验其对农机户参与农机服务供给的因素，为引导农机户积极参与农机作业服务供给市场提供有效的对策建议。

8.2　理论分析

已投资水稻劳动密集型环节机械的农户作为理性经济人，其参与农机服务供给以实现家庭收入最大化为目标，其行为同样受到供需定律的影响。农机服务价格越高，参与农机服务供给的收益越多，家庭收入可能越高，进而激励农机户向其他农户积极提供农业机械服务。但在农机服务价格既定的条件下，农机操作人员作为家庭重要的农业劳动力，其参与农机服务供给行为受到家庭农业生产能力的限制。家庭农业生产能力越强，农业生产效率越高，其参与农机服务供给的可能性越大，配置于农机服务供给领域的时间可能更多。然而，在农户已投资农机的条件下，农业生产能力取决于家庭生产要素的配置状况。农业生产要素主要由劳动力、土地与资本构成，而农业机械代表农户家庭在农业生产方面的资本投入，因而本章将主要从劳动力与土地要素两方面分析农业生产要素对农机户参与农机服务供给的影响。

8.2.1　劳动力配置与农机社会化服务供给

在城镇化与工业化背景下，农业比较收益劣势促使农村劳动力不断向城镇非农产业转移，导致农业劳动力数量与质量双降。劳动力转移加剧务农劳动力老龄化趋势而降低农业劳动力质量，进而对农业生产经营产生负面影响，造成农业生产投入不足与农业收入增加受阻（何凌霄等，2016）。在劳动力数量方面，家庭务农劳动力越多，农机户家庭农业生产受到劳动力不足约束的可能性较小，家庭农业生产能力较强，依靠家庭劳动力能够完成主要农业生产工作，甚至出现农业生产能力过剩现象；此外，务农人数越多意味着家庭农业经营规模相对较大，而较大的农业规模有利于农业分工深化。由此可知，相较于家庭务农劳动力较少的农机户，务农劳动力较多的农机户通过家庭内部较高程度的分工协作来提高农业生产效率，增强农业生产能力，使其能够将更多的时间配置于农业机械服务供给方面以获取服务供给收益。据此提出本研究的第九个研究假说：

H9：务农劳动力数量对农机户参与农机服务供给有正向影响。

随着农村基础设施建设的不断推进，农村地区经济发展环境改善，资源禀赋条件得到优化，对相关产业发展吸引力增强。在供给侧结构性改革的背景下，发达地区产业面临转型升级，部分劳动密集型的制造业向中西部或者农村地区转移，促进经济落后地区工业化进程，为农村富余劳动力就近转移提供了非农就业机会。而农业生产的季节性特征决定务农劳动力农内就业不充分，务农人员利用农闲时间参与非农就业，从事兼业活动，可拓宽家庭收入渠道，增加家庭收入，但对农业经营可能产生不利的影响。一方面，随着农业经营成本上升，农业比较收益劣势突出，农业呈现边缘化趋势，使家庭务农劳动力兼业比例较高的农机户务农机会成本上升，降低其参与农机服务供给的意愿；另一方面，务农劳动力兼业使家庭农业生产可能受到劳动力不足的约束，削弱家庭农业生产能力，导致农机主要用于家庭农业生产，降低农机户参与农机服务供给的可能性。据此提出本研究的第十个研究假说：

H10：务农劳动力兼业比例对农机户参与农机服务供给有负向影响。

8.2.2 农地经营规模与农机社会化服务供给

虽然伴随城镇化的推进与农村劳动力非农转移，农业收入在农户家庭收入中所占比重持续降低，但仍为农户家庭收入的重要来源。农地经营规模越大，农户家庭对农业收入的依赖程度越高。农村劳动力非农转移造成农业劳动力减少，导致农业雇工成本不断攀升，使家庭农业生产易受到农业劳动力短缺的困扰，因而家庭农业劳动力主要投入于家庭农业生产。劳动力短缺与雇工成本上升诱使农户在农业生产中加大机械投入，促进机械替代人工，从而提高农业生产效率，降低农业生产成本（仇童伟、罗必良，2018）。但农业机械一般首先用于满足农户自家农业生产，家庭经营规模过大，农机户农机服务供给行为受到牵制，使其无暇他顾，其利用自有农机参与农机服务供给的可能性与服务时间下降。据此提出本研究的第十一个研究假说：

H11：家庭农地经营规模对农机户参与农机服务供给有负向影响。

8.3 数据来源、变量设置与模型选择

8.3.1 数据来源

本章数据源自罗必良教授主持的国家自科基金重点项目问卷调查数据，课题组根据总人口、人均 GDP、耕地面积、耕地面积占比、农业人口占比、农业增加值占 GDP 比重等 6 个指标，于 2015 年初通过聚类分析方法，并结合中国地理特征，选取 9 省份作为抽样调查地区，在东部（辽宁、江苏和广东）、中部（山西、河南和江西）、西部（宁夏、四川和贵州）各抽取 3 个省份。然后，根据上述 6 个指标对各省份的县级单位进行聚类分析，在每个样本省份分别抽取 6 个县（合计 54 个），在每个样本县按经济发展水平将乡镇分为 4 组，并在各组中随机抽取 1 个乡镇（其中，在广东、江西的样本县各抽取 10 个样本乡镇）；接着，在每个样本乡镇随机抽取 1 个行政村，每个样本行政村又随机抽取 2 个自然村；最后，按照农户收入水平将农户分为 10 组，并在每组中随机挑选 1 户农户进行问卷调查。此次调查共发放问卷 2 880 份，回收问卷 2 838 份，其中有效问卷 2 704 份。山西作为被调查省份，没有种植水稻的农户，因而本研究的样本实际来源于全国 8 个省份。

发展现代农业的内在要求之一是实现农业机械化。从农业机械拥有情况来看，有效样本中从事水稻种植的农户家庭有 1 256 户，其中，487 户稻农有整地机械，占从事水稻种植样本的 38.77%，而拥有收割机械的农户更多，有 509 户，占从事水稻种植样本的 40.53%。同时拥有整地与收割机械的农户有 231 户，占从事水稻种植样本的 18.39%。因而，本章研究样本为 765 户拥有整地或者收割机械的稻农（表 8-1）。

表 8-1 水稻种植户劳动密集型环节机械拥有情况

是否有生产机械	整地环节		收割环节	
	频数	频率（%）	频数	频率（%）
没有生产机械	769	61.23	747	59.47
有生产机械	487	38.77	509	40.53
合计	1 256	100	1 256	100

发展农业生产性服务，帮助小农户与现代农业生产要素对接，是新时代背景下实现乡村振兴的重要路径。从水稻劳动密集型环节机械生产服务供给情况来看，239 户稻农参与了整地机械服务供给，为其他稻农提供了整地机械服务，占拥有整地机械稻农总体的 49.08%；而参与提供收割服务的稻农有 287 户，占拥有收割机械稻农总体的 56.39%，表明与拥有整地机械的稻农相比，拥有收割机械的稻农更愿意参与机械服务供给（表 8 - 2）。

表 8 - 2　稻农机械服务供给行为现状

是否提供机械生产服务	整地环节		收割环节	
	频数	频率（%）	频数	频率（%）
不提供机械生产服务	248	50.92	222	43.61
提供机械生产服务	239	49.08	287	56.39
合计	487	100	509	100

8.3.2　变量设置

（1）因变量。本章以在水稻劳动密集型生产环节拥有农机的稻农为研究对象，考察其农机服务供给参与行为，分析其是否利用自有农机向其他农户提供生产性服务，并探究其行为影响因素。因此，本章因变量为"是否提供机械生产服务"，提供就用 1 表示，未提供表示 0。

由表 8 - 3 和表 8 - 4 可看出，拥有水稻生产机械的稻农主要集中在江西、广东、贵州、江苏、四川等南方省份，辽宁、河南、宁夏 3 个北方省份，受制于自然条件，种植水稻的农户较少。从总体上来看，49.08% 的稻农参与了整地机械服务供给，而收割环节农业机械服务供给参与的比例更高，为 56.39%；分省份来看，江西、贵州、宁夏三地拥有整地机械的稻农参与整地机械服务供给的比例较高，分别为 55.41%、60.00%、87.50%，高于总体样本平均比例；而在收割环节，贵州、四川、宁夏三地的稻农参与收割机械服务供给的比例高于总体样本平均比例，分别为 65.00%、68.85%、71.43%。

表 8-3　各省拥有整地机械与收割机械的农户参与机械服务供给的情况

区域	整地环节			收割环节		
	样本量（户）	不提供（%）	提供（%）	样本量（户）	不提供（%）	提供（%）
总体样本	487	50.92	49.08	509	43.61	56.39
辽宁	10	90	10	11	54.55	45.45
江苏	66	54.55	45.45	48	60.42	39.58
广东	91	61.54	38.46	126	44.44	55.56
江西	157	44.59	55.41	172	45.35	54.65
河南	14	57.14	42.86	4	100	0
宁夏	8	12.5	87.5	7	28.57	71.43
四川	61	59.02	40.98	61	31.15	68.85
贵州	80	40	60	80	35	65

（2）自变量。为探究农机户参与水稻劳动密集型环节机械服务供给的作用机理，本章将农业要素配置特征、受访者个体特征、家庭社会资本、土地资源禀赋特征、农机服务供给价格、村庄特征等变量纳入模型。核心自变量方面：选取务农人数与务农劳动力兼业比例作为稻农家庭农业劳动力要素配置特征变量，选取水田规模来测量土地要素特征。

控制变量方面：①选取了受访者性别、年龄、文化程度3个变量来测量受访者个体特征；提供农机服务不仅要求农户掌握农机操作技能，还对其体力提出较高要求，因而相对于女性，男性更能胜任这项工作；年龄越大的农户由于体能下降，参与供给农机服务的可能性降低；文化程度越高的稻农具有非农就业比较优势，其参与农机服务供给的可能性相对较低。②选取了亲朋数量与家人中是否有村干部来衡量稻农家庭社会资本特征；亲戚朋友既是农机户服务的对象，也可帮助农机户开拓农机服务市场，因而亲朋越多的稻农，其参与农机服务供给的可能性越大；家庭成员中有村干部的农机户拥有农机服务市场信息优势，更易获得农机作业服务业务，其参与水稻机械生产服务供给的可能性更高。③选取水田破碎度与水稻种植季数2个变量来测量家庭土地禀赋特征；较高的水田破碎度使农机应用困难，降低农机作业效率，推高农机作业成本，抑制农机户参与农机服务供给的积极性（罗明忠等，2018）。与种植一季水稻的稻农相比，种植两季的农机户家庭更依赖农

表 8 - 4 变量说明及其描述性统计

变量类型	变量名称	变量含义	整地环节		收割环节	
			均值	标准差	均值	标准差
因变量	农业机械服务供给	是否提供机械生产服务：提供=1；不提供=0	0.491	0.500	0.564	0.496
核心自变量	务农人数	家庭务农劳动人数（人）	2.063	1.026	2.006	1.113
	兼业比例	家庭务农劳动力兼业比例	0.384	0.338	0.366	0.337
	水田规模	家庭水田经营面积（亩）	5.691	13.068	4.568	12.474
	性别	户主性别：男=1；女=0	0.715	0.453	0.688	0.465
	年龄	户主年龄（年）	43.424	14.225	43.531	13.360
	文化程度	户主文化程度：小学=1；初中=2；高中（中专）=3；高中（中专）以上=4	2.160	1.035	2.169	1.011
	亲朋数量	很少=1；一般=2；很多=3	2.451	0.589	2.394	0.573
	是否有村干部	家庭成员是否有村干部：有=1；没有=0	1.861	0.317	1.856	0.352
控制变量	水田破碎度	水田块数与水田面积之比	1.388	0.841	1.678	1.098
	水稻种植季数	一季稻=1；两季稻=2	1.632	0.484	1.575	0.496
	机械服务价格	机械服务使用费用（元/亩）	125.139	66.751	127.554	59.961
	村庄地形	山区=1；丘陵=2；平原=3	1.951	0.546	1.831	0.627
	村到镇的距离	村庄到乡镇的距离（公里）	5.094	3.957	5.569	4.610
	县域经济发展水平	很低=1；相对低=2；中游=3；比较高=4；很高=5	2.979	0.608	3.000	0.604

业收入，其参与农机服务供给的可能性更大。④外部环境方面，本章选取了机械服务价格、村庄地形、村到镇的距离、县域经济发展水平四个变量来测量。农机户作为理性经济人，获取服务供给收益是其参与提供机械生产服务的重要动力，机械服务价格越高，其提供农机服务的可能性越大；地形对农业机械应用有重要影响，地形越平坦，越有利于农机应用，发挥农机作业效率，而山地与丘陵地区农机耕作不便，阻碍农机户参与农机服务供给。离镇越近，机械服务获取便利程度较高，农机作业服务市场竞争较激烈，农机户参与农机服务供给的可能性较低。县域经济发展水平越高，农机户家庭收入水平相对较高，其对水稻生产环节外包服务的需求较大，吸引农机户参与水稻机械生产服务供给。

8.3.3 模型选择

本章因变量为农机户是否参与提供水稻机械生产服务，为二分类变量，1 表示农机户已向其他稻农提供了整地或收割机械服务，0 表示农机户未提供整地或收割机械服务，因而适合采用二元 Probit 回归模型。其模型基本表达式为：

$$y^* = \beta_i \chi_i + \varepsilon \qquad (8-1)$$

$$y = \begin{cases} 1, 若\ y^* > 0 \\ 0, 若\ y^* \leqslant 0 \end{cases} \qquad (8-2)$$

y^* 为参与农机服务供给的潜在净收益，只有当提供农机服务的潜在净收益 y^* 大于 0 时，农机户才会选择提供农机服务（$y=1$），否则，农机户将不会向其他农户提供农机服务。χ_i 为影响农机户选择是否提供农机服务的变量，β_i 为自变量的待估计系数，ε 为随机扰动项。

8.4 模型估计与结果分析

本章采用 Stata14 对农机户参与水稻劳动密集型环节农机服务供给行为选择进行二元 Probit 模型估计，表 8-5 报告了农机户参与农机服务供给行为影响因素模型及其边际效应的模型估计结果。

8.4.1　结果分析

（1）农业生产要素配置的影响。①家庭务农人数对农机户参与提供水稻整地与收割环节机械服务行为具有正向影响，但未通过显著性检验。务农劳动力越多，家庭农业生产能力越强，受到劳动力不足约束的可能性降低，使农机户有更多的时间用于农机服务提供方面，其参与农机服务供给的概率越大。②务农劳动力兼业比例对收割环节服务供给行为的负向影响在10％统计水平上为负，且家庭务农人员兼业比例每增加1人，农机户提供收割环节机械服务的可能性降低20.9％。与其他农机户相比，在务农劳动力数量相同的情况下，务农人员兼业比例上升，家庭农业生产受到劳动力不足约束的可能性更大，从而抑制农机户参与收割机械服务供给。收割机械服务的提供需要多人配合才能完成，而整地机械一般只要一人就可操作，因此，收割环节机械服务供给行为受务农人员兼业比例的影响更大。③水田规模对整地与收割环节机械服务供给行为均在10％统计水平上显著为负，且水田规模每增加1亩，农机户参与整地和收割环节机械服务供给的可能性均下降0.5％，与假说一致。农机优先用于满足自家农业生产的需要，家庭水田实际经营规模越大，农机在自家农业生产方面投入的时间更多，导致农机户提供整地与收割机械服务的可能性下降和服务时间减少。

（2）受访者个体特征的影响。①受访者性别并未对农机户参与农机服务供给产生显著影响。②受访者年龄对农机户提供水稻整地与收割环节机械服务均有正向影响，但只在收割环节通过显著性检验，且在1％统计水平上显著。可能是由于相对年轻的农机户具有非农比较优势，而年龄越大的农机户非农就业机会相对较少，务农机会成本低，对农业领域收入依赖程度更高，导致其更倾向于提供水稻收割机械服务。③与高中以上文化程度的农机户相比，小学与初中文化程度对农机户参与水稻收割环节机械服务供给的影响均在1％统计水平上显著为负，表明文化程度为小学与初中的农机户参与农机服务供给的可能性更低。由于收割机械作业效率高、作业半径大，且投资昂贵，需要匹配较大的作业规模才能收回投资成本，因而要求农机户跨村庄或者地区开辟收割服务市场。但文化程度较低的农机户在收割服务市场开辟过程中具有劣势，抑制其参与收割机械服务供给。水稻整地机械作业效率低，作业能力有限，一般仅局限于本村范围内，因而不同文化程度农机户面临的是同质性很强的熟人社会。小学文化程度的农机户非农就业机会较少，对农业收入依赖程度更高，其参与整地机械服务供给的可能性相对较大。

（3）家庭社会资本的影响。①亲朋数量对农机户提供水稻整地与收割环节机械服务均具有正向影响，且在 5% 统计水平上显著，亲朋数量每增加 1 人，农机户参与整地和收割机械服务的可能性分别提高 17.6% 和 17.1%。亲戚朋友间不仅是农机户服务的对象，也可帮助愿意提供农机服务的稻农开拓农机作业服务市场，使其获得特定区域内较高的农机作业服务市场份额，因而亲朋越多，农机户为其他稻农提供整地与收割机械服务的可能性越大。值得注意的是，向亲朋提供农机服务并不是纯粹的市场行为，更可能是在"人情"因素作用下的"迫不得已"的选择。②家庭成员中是否有村干部对农机户参与整地与收割环节机械服务有正向影响，但未通过显著性检验，与预期不一致。村干部不仅为农机户提供农机作业市场供需信息，帮助其拓展农机服务业务，还可增强其在农机服务过程中的行为能力，防止利益被农机服务需求方侵犯，从而提高其参与农机服务供给的可能性。

（4）家庭土地禀赋特征的影响。①水田破碎度对整地与收割环节机械服务供给行为均具有负向影响，但只在收割环节通过了显著性检验，且在 1% 统计水平上显著，水田破碎度每上升 1 单位，稻农提供收割机械服务的可能性降低 9.1%，与预期一致。较高的水田破碎度降低农机作业效率，使农机作业成本上升，导致农机户提供农机作业服务的可能性下降，而收割机械体积庞大，对水田破碎度更敏感。②水稻种植季数对整地环节机械服务提供的正向影响在 10% 统计水平上显著，而对收割环节机械服务提供的影响在 1% 统计水平上显著为正，与预期一致。从边际效应上来看，与种植一季水稻的农机户相比，种植两季的农机户提供整地与收割机械服务的可能性分别提高 18.5%、29%。这是由于种植两季水稻的农机户家庭收入渠道有限，对农业收入的依赖程度更高，参与提供农机服务有助于增加家庭收入，使其参与农机服务供给的概率更大。

（5）村庄特征的影响。①机械服务价格对农机户参与水稻生产整地与收割环节机械服务供给均有显著正向影响，分别在 1% 与 5% 统计水平上显著，与预期一致。从边际效应来看，机械服务价格每增加 1 元，农机户参与提供整地与收割环节服务的可能性提高 0.2% 与 0.1%。农机服务价格越高，提供机械服务的收益越高，对追求收益最大化的理性农机户的吸引力越强。②村到镇的距离对整地环节机械服务提供具有负向影响，且在 10% 统计水平上显著，而对收割环节机械服务供给行为的负向影响未通过显著性检验，与预期不一致。从边际效应来看，村到乡镇的距离每增加 1 公里，农机户提供整地机械服务的可能性下降 1.7%。可能是由于距离乡镇越近的乡村，经济发展条件较好，农民收入水平相对较高，对整地外包服务需求大，使该地区的农机户参与整地服务供给的可能性较大。

表 8-5 农机户参与农机服务供给行为影响因素的模型估计结果

	整地环节				收割环节			
	系数	标准误	边际效应	标准误	系数	标准误	边际效应	标准误
核心变量								
务农人数	0.013	0.122	0.004	0.041	0.033	0.109	0.010	0.033
兼业比例	0.406	0.365	0.135	0.120	−0.694*	0.358	−0.209*	0.104
水田规模	−0.015*	0.009	−0.005*	0.003	−0.016*	0.008	−0.005*	0.002
受访者个体特征								
性别	0.353	0.296	0.118	0.097	−0.161	0.267	−0.048	0.080
年龄	0.001	0.011	0.000	0.004	0.032***	0.012	0.009***	0.003
是否小学（参照组：高中以上）	0.338	0.473	0.113	0.157	−1.548***	0.548	−0.465***	0.155
是否初中（参照组：高中以上）	−0.266	0.406	−0.089	0.135	−1.506***	0.431	−0.453***	0.120
是否高中（参照组：高中以上）	−0.199	0.426	−0.066	0.142	−0.739	0.459	−0.222	0.135
家庭社会资本								
亲朋数量	0.527**	0.215	0.176**	0.066	0.569**	0.198	0.171**	0.056
是否有村干部	0.178	0.396	0.059	0.132	0.098	0.358	0.029	0.107
家庭土地禀赋特征								
水田破碎度	−0.150	0.147	−0.050	0.049	−0.303***	0.127	−0.091***	0.037
水稻种植季数	0.556*	0.262	0.185*	0.083	0.964***	0.288	0.290***	0.080
村庄特征								
机械服务价格（元）	0.007***	0.002	0.002***	0.001	0.003**	0.001	0.001**	0.000
丘陵地形	0.024	0.341	0.008	0.114	−0.015	0.292	−0.004	0.088
平原地形	0.161	0.504	0.054	0.167	−0.404	0.427	−0.122	0.128
村到镇的距离	−0.051*	0.033	−0.017*	0.011	−0.019	0.026	−0.006	0.008

（续）

	整地环节				收割环节			
	系数	标准误	边际效应	标准误	系数	标准误	边际效应	标准误
县域经济发展水平	0.305	0.217	0.105	0.074	−0.221	0.175	−0.068	0.055
省份虚拟变量	控制	控制	控制	控制	控制	控制	控制	控制
常数项	−0.457	1.451			−2.483**	1.234		
样本量	487				509			
Wald chi2（23）	50.60				57.41			
Prob > chi2	0.000 8				0.000 1			
Pseudo R^2	0.090 3				0.081 0			

注：*、** 和 *** 分别表示在 10%、5% 和 1% 的统计水平显著，标准误皆为稳健标准误。

8.4.2 稳健性检验

为验证结论是否稳健，本章将拥有整地机械与收割机械的农户均视为拥有农业生产机械的样本，而不再区分所拥有农机的差异，因而在整地与收割环节，拥有至少一种机械的稻农有 577 户。因变量为是否提供机械服务，无论农机户是提供整地机械服务，还是收割机械服务，只要向其他农户提供了至少一类机械服务，就表示为 1，没有提供任何一类机械服务，就表示为 0。同样采用二元 Probit 模型进行估计，结果发现：核心自变量方面，水田规模对农机户参与农机服务供给具有显著负向的影响，与上文实证结果一致，而劳动力要素对农机户提供机械服务行为的影响未通过显著性检验，但影响系数与预期和表 8-5 实证结果保持一致，表明核心变量的影响较为稳健。在控制变量方面，亲朋数量、水稻种植季数、机械服务价格对农机户参与供给农机服务的影响显著为正，而水田破碎度、村到镇的距离对农机户提供农机服务的负向影响显著，与前文实证分析结果保持一致，表明控制变量的影响稳健（表 8-6）。

表 8-6 机械服务供给影响因素模型估计结果

是否提供机械服务	系数	稳健标准误	边际效应	稳健标准误
务农人数	0.082	0.091	0.024	0.026
核心变量				
兼业比例	−0.215	0.293	−0.062	0.085

（续）

是否提供机械服务	系数	稳健标准误	边际效应	稳健标准误
水田规模	−0.019***	0.007	−0.006***	0.002
受访者个体特征				
性别	0.269	0.206	0.078	0.058
年龄	−0.002	0.009	−0.001	0.002
是否小学	−0.126	0.389	−0.037	0.113
是否初中	−0.500	0.320	−0.144	0.092
是否高中	−0.322	0.354	−0.093	0.102
家庭社会资本特征				
亲朋数量	0.281*	0.156	0.081*	0.044
是否有村干部	0.020	0.260	0.006	0.075
家庭土地禀赋特征				
水田破碎度	−0.214**	0.092	−0.062**	0.025
水稻种植季数	0.913***	0.218	0.263***	0.056
村庄特征				
机械服务价格	0.002**	0.001	0.001**	0.001
丘陵地形	0.207	0.231	0.060	0.066
平原地形	−0.296	0.363	−0.086	0.104
村到镇的距离	−0.058***	0.021	−0.017***	0.006
县经济发展水平	−0.097	0.153	−0.028	0.044
省份虚拟变量	控制	控制	控制	控制
样本量		577		
常数项	−0.569	0.960		

注：*、** 和 *** 分别表示在10%、5%和1%的统计水平显著。

8.5 结论与启示

　　服务规模经营是我国农业规模经营的另一重要路径，既是促进土地规模经营的重要支撑，也是实现小农户与现代生产要素对接的桥梁，对于我国农业现代化发展具有重要作用。基于此，本章利用全国8省拥有农业劳动密集型生产环节机械的765户水稻种植户的调查数据，主要从要素配置角度分析了拥有农机户参与水稻劳动密集型生产环节机械服务供给行为的现状，并实证分析了其农机服务供给行为的影响因素。数据分析显示，49.08%的农机户参与了整地环节机械服务供给，而收割环节机械服务供给比例稍高，达到

56.39％。实证研究结果表明，在生产要素配置方面，研究假说基本通过检验，家庭务农人数对农机户参与农机服务供给的影响虽未通过显著性检验，但系数为正，与预期一致。务农劳动力兼业比例对农机户参与收割环节的农机服务供给具有显著负向影响，家庭水田经营规模对农机户参与整地与收割环节农机服务供给具有显著负向影响，与研究假说预期一致。而在控制变量方面，在整地环节，亲朋数量与机械服务价格对农机户提供水稻整地机械服务具有显著正向影响，而村到镇的距离对整地机械服务供给行为的影响显著为负；在收割环节，年龄、亲朋数量、水稻种植季数、机械服务价格对农机户参与水稻收割机械服务供给具有显著的正向影响，而小学文化程度、初中文化程度、水田破碎度对农机户参与收割机械服务提供具有显著负向影响。

可看出，作为理性经济人的农机户，以追求家庭收入最大化为目标，利用自有农机为其他稻农提供机械作业服务，不仅提高了农机利用效率，还拓宽了家庭收入渠道，因而机械服务价格越高，其提供农机服务的可能性越大。虽然有较多的亲朋好友能为农机户开辟农机作业服务市场提供便利，使其倾向于提供农机作业服务，但水田经营规模越大、务农劳动力兼业比例越高，农机户家庭农业生产受到劳动力不足约束的可能性更高，同时较高的水田破碎度使农机应用难度加大，农机使用成本提高，导致农机户提供农机服务的行为仍主要受到这三方面的抑制，阻碍其参与农机服务供给行为。

本章研究发现对于完善我国农业社会化服务体系，提升农业机械化水平与提高农业社会化服务可获得性具有重要的现实意义。首先，推进农机服务规模经营发展，提升农机社会化服务的专业化水平；农机户在提供农机服务的同时，也在从事家庭农业生产活动，属于兼职型农机服务提供主体，其农机服务供给参与行为受到家庭经营规模与务农劳动力兼业比例的抑制，使其参与服务供给的可能性降低，或者用于提供农机服务的时间减少，影响农机服务供给效率。相关政府部门应出台支持措施，引导成立农业生产性专业服务组织，完善农业生产性服务体系，提高农业社会化服务供给质量与效率。其次，鼓励农机户积极参与农机服务供给；对于已投资农机的农户而言，其向周边其他农户提供农机生产服务能有效提高农机社会化服务可获得性，提高农机利用效率，减少区域农机重复性投资。政府应主动做好农机作业服务市场供需信息匹配工作，为农机户提供农机服务需求信息，鼓励其积极参与农机服务供给。最后，降低农地细碎化程度。当前我国农地细碎化程度较高，阻碍了农业机械的应用，降低了农机作业效率，使农机作业成本上升，一定程度上降低农户参与农机服务供给的积极性。因此，政府应鼓励地方探索解决农地细碎化的途径，允许有条件的地区推行"农地互换""整合确权""联耕联种"等模式，切实降低农地细碎化程度。

9　农业劳动力老龄化、
　　农地确权与农地转入[*]

9.1　引言与文献综述

我国的基本国情是人多地少，人地关系矛盾突出，尤其是在生产力发展水平较低的传统农业社会。随着农村劳动力转移的推进，我国农村紧张的人地关系矛盾得到一定程度的缓和，但也因农业比较收益劣势依旧突出和农业劳动力老龄化现象加剧而出现了农地抛荒的现象。为提高农地资源配置效率，促进农业规模经营，提升农业现代化水平，增强国家粮食安全保障能力，需要继续推进农地流转，鼓励与培育新型农业经营主体发展。事实上，政策层面也在不断加强对农地流转的支持力度。据国家统计局数据，2007年全国家庭承包耕地流转面积约为 0.64 亿亩，仅占家庭承包耕地总面积的5.2%，到 2019 年底我国家庭承包耕地流转面积超过 5.55 亿亩。在政策的支持下，农地流转取得显著成绩，但是农业经营格局仍以小农经营为主。第三次农业普查数据显示，到 2016 年底，我国农业经营户中小农户占比98.1%，农业从业人员总数中小农户从业人员占比 90%，在总耕地面积中小农耕地面积占比 70% 以上（韩俊，2018）。同时，这也反映了我国农地流转还未达到政策预期，因而需要进一步促进农地流转以推进农业适度规模经营。

农村劳动力非农就业转移为农地流转创造了条件，但也引发农业劳动力老龄化加剧现象。据 2019 年农民监测调查报告数据，50 岁以下的农民工占比为 75.4%，40 岁以下的农民工占比为 50.6%，表明我国非农就业农民工

---

[*]　本章原载于《江西农业学报》2022 年第 4 期。

数量庞大。大量农村青壮年劳动力选择进城务工，进而留下来从事农业耕作的大多数是老年劳动力（周作昂等，2020；陈江华等2020）。农业普查数据显示，第二次农业普查时，51岁及以上的农业劳动力占农业劳动力总数的25%，而到第三次农业普查，55岁及以上的农业劳动力占总农业劳动力的比例为33.6%，突出表明农业劳动力老龄化趋势加重。由于老年劳动力身体机能在退化，劳动力能力在下降，对先进农业生产技术的吸收与采纳能力相对较差，导致农村出现农地闲置、流转缓慢、农业生产效率低等问题。因而，日益突出的农业劳动力老龄化可能对农业生产与要素配置产生不利影响。

已有研究表明农业劳动力老龄化所带来的土地情结及劳动能力限制会抑制农地转入需求的意愿（张军等，2020）。对于老年农业劳动力来说，随着其体力条件逐渐下降，其农地转入的可能性会大大降低（凌若愚，2018）。此外，农户家庭劳动能力对农地转入也有重要影响，并且随着农业劳动力老龄化程度的加深及其健康状况的下降会进一步抑制农地转入（翁贞林等，2019）。还有学者研究发现农业劳动力老龄化对农地流转的影响具有地区异质性，东部地区农户老龄化对农地转入产生了显著的负向影响，而中部地区农业劳动力老龄化对农地转入具有显著正向影响（张瑞娟，2017）。

在农村劳动力非农转移引发农业劳动力老龄化的背景下，我国实施了农地确权政策，以期通过提高农地产权强度来降低农地流转的交易费用与农地流转风险，从而促进农地流转，但学界对农地确权是否能有效促进农地流转仍存分歧。部分学者认为农地确权能促进农地流转（付江涛等，2016；黄佩红等，2018；冯华超等，2019；李江一，2020），另一部分学者认为农地确权对农地流转没有影响（Place等，1998），甚至存在负向影响（仇童伟等，2020；胡新艳等，2016），并且有学者指出农地确权会通过农业生产激励、交易费用等中间传导机制来影响农地流转，其影响也各有不同（林文声等，2017）。由此，一个合理的疑问是，农地确权对农地转入究竟是否有影响？农地确权能否缓解农业劳动力老龄化对农地转入可能存在的不利影响？这些问题需要深入研究。

当前国内外学者还从其他视角对农地流转进行了研究，罗必良等（2021）认为禀赋效应也是抑制农地流转的重要原因，并且饥荒经历及其记忆会提高农户的禀赋效应，凸显农地的重要性，进而导致农户流转土地的意愿降低，阻碍农地流转。还有学者研究发现农户生计资本与要素流动决策也会对农地流转行为产生影响（王雪琪等，2021）。此外，农地调整（冒佩华等，2015）、农地细碎化（洪炜杰等，2021）、家庭人口结构（钱龙等，2019）等因素均会阻碍农地流转市场的发展。

综上可知，相关文献已对农地流转进行了大量且富有成效的研究，为本研究的推进奠定了良好的基础，但现有文献在以下方面仍存改进空间：首先，关于农业劳动力老龄化对农地转入研究的文献较缺乏；其次，当前关于农地确权对农地转入的影响的研究尚存分歧；最后，当前鲜有文献将农业劳动力老龄化与农地确权纳入统一分析框架分析农地转入的影响因素。为了明确制约农地转入的关键因素，促进农地资源的优化配置，本章将从农户家庭农业劳动力老龄化与农地确权视角深入分析农地转入的影响因素。

9.2 理论分析与研究假说

农村劳动力持续大规模外出加速了农村老龄化进程，导致农业劳动力老龄化问题日益突出，对农地转入产生不利影响。首先，农户家庭农业劳动力老龄化程度提升，意味着农业劳动力中的老年劳动力占比较高，而老年劳动力由于年龄增大，且经历长年累月的高强度农业生产活动，其身体健康状况逐渐恶化，身体机能不断衰退，劳动能力持续下降，导致其农业生产效率降低，难以满足现代农业生产的需要，从而抑制其转入农地扩大经营规模（周作昂等，2020）。其次，老年农业劳动力受教育程度相对较低，对新事物的接受能力相对较差，在农业生产中主要依靠传统经验，不利于先进的现代农业技术的应用，使其农业经营比较收益劣势突出，进而降低了其转入农地扩大经营规模的可能性。最后，虽然农地依然具有重要的福利保障功能（陈江华等，2020），但随着我国农村社会保障体系不断完善，农村养老保障水平不断提升，在一定程度上替代了农地的福利保障功能，使农业劳动力老龄化程度较高的农户转入农地的可能性降低。据此，提出本研究的第十二个研究假说：

H12：农业劳动力老龄化对农地转入有负向影响。

一般而言，农地流转多发生在有限地域空间的熟人网络内部（何欣等，2016），而农地确权是以整村推进的方式开展颁证工作，因而可认为转入户的承包地获得确权意味着其转入对象的承包地也已确权。农地确权通过向农户颁发承包经营权证,明确了农户家庭承包地物理空间位置与四至,使农地产权更加明晰,增强了农地产权排他性能力,有助于节约农地流转过程中的交易费用(罗必良等,2010),并降低在转入地块上进行生产活动时所面临的不确定性(何欣等,2016),从而促进农地转入。不清晰的农地产权使农地流转面临较大的风险,因而农地流转多发生在熟人之间。农地确权使农地产权得到清晰界定,有助于降低农地流转所面临的风险,促进农地流转跨越熟人社会网络,诱发越来越多的农地流转在非熟人之间发生,促使农地资源能够在更广的范围内配置,扩大了农地流转的交易对象,从而提高了农地转入的可能性(徐章星等,2020)。此外,农户家庭承包地确权,一方面有助于遏制农地不断调整所带来的细碎化程度加深问题,另一方面能够稳定农业生产收益预期,降低农业经营的不确定性,诱导农户改变农地经营的短期行为,进而激励农户转入土地扩大农业经营规模以进行长期投资,以获得规模经济效应。据此,提出本研究的第十三个研究假说:

H13:农地确权对农地转入有显著正向影响,相较于未确权的农户,已确权农户转入农地的可能性更大。

老年农业劳动力产权保护能力弱,在农地流转谈判中处于弱势地位,当农地产权不明晰,老年劳动力对农地转入后的潜在风险缺乏较好的应对能力,面临权益受损的可能,从而抑制农业劳动力老龄化程度高的农户家庭转入农地。而实施农地确权后,农地产权明晰,产权强度得到提升,有助于降低农地流转风险,增强老龄化程度较高的农户家庭的行为能力,缓解农业劳动力老龄化对农地转入的抑制作用,从而激励农业劳动力老龄化程度较高的农户转入农地(程令国等,2016;陈江华等,2020)。据此,提出本研究的第十四个研究假说:

H14:农地确权能够缓解农业劳动力老龄化对农地转入的不利影响。

9.3 数据来源、变量设置与模型选择

9.3.1 数据来源

本研究使用的数据来自中山大学社会科学调查中心于 2016 年实施的中

国劳动力动态调查项目（China Labor-force Dynamic Survey，简称 CLDS）。该调查于 2011 年启动试调查，已完成 2012 年全国基线调查、2014 年追踪调查、2016 年追踪调查。2016 年 CLDS 在全国（除港澳台、西藏、海南外）29 个省、直辖市、自治区展开，主要采用为多阶段、多层次、与劳动力规模成比例的概率抽样方法，并结合轮换样本追踪方式，共调查了 401 个社区、14 226 户家庭、21 086 份 15～64 岁劳动力人口个体问卷，内容涉及村庄人口、经济与社会环境、家庭人口结构、劳动力就业、家庭农业生产等方面信息，为本研究的开展提供了坚实的数据基础，其中从事农业生产的家庭有 4 705 户，占家庭样本的 57.05%。本章主要研究农业劳动力老龄化与农地确权对农地转入的影响，在剔除了存在变量缺失的样本后，共获得 3 499 份有效样本。

9.3.2 变量设置

（1）被解释变量。本章的因变量为农户是否转入农地，转入农地赋值为 1，否则赋值为 0。在农村劳动力大规模外出非农就业背景下，鼓励具有务农比较优势的农户转入农地发展适度规模经营是我国实现农业现代化的必经之路。由表 9-1 可看出，48.3% 的样本农户已转入农地扩大家庭农业经营规模。

（2）解释变量。本章选择的核心解释变量为"农业劳动力老龄化"，是指农户家庭农业劳动力中老龄农业劳动力的占比情况，采用 60 岁及以上的农业劳动力人数占家庭劳动力人数的比例来测度农业劳动力老龄化程度。数据表明，样本农户家庭农业劳动力中 60 岁及以上农业劳动力占比平均为 32.8%，反映我国农业劳动力老龄化程度较高。

（3）调节变量。本章的调节变量为"农地是否确权"，农地确权主要是指"确权确地"这种确权模式，以观察农户家庭是否拿到新一轮承包经营权证书（陈江华等，2020），进而考察农地确权在农业劳动力老龄化与农地转入之间是否存在调节效应。"1"表示样本农户家庭承包地已确权，"0"则表示样本农户家庭承包地未确权。数据显示，有 50.4% 的样本农户承包地已确权，仍有 49.6% 的样本农户家庭承包地未确权。

（4）控制变量。借鉴已有研究，本章主要从农业劳动力个体特征、家庭特征、村庄特征等方面设置了控制变量。①农业劳动力个体特征。本章采用户主性别、年龄、受教育程度、健康状况、婚姻状况、是否党员六个变量来反映户主个体特征。数据显示，样本农户家庭户主平均年龄较大，为54.7岁，主要原因是大量青壮年劳动力转移到城镇就业，加剧了农村人口老龄化现象；户主平均受教育程度以初中为主，表明农村劳动力文化程度普遍较低，对其获取非农就业机会不利，相对于文化程度较高的农户，文化程度较低的农户转入农地的可能性更大；户主平均健康状况介于一般与比较健康之间，农户身体越健康状况越好，其农业经营能力相对更强，其转入农地的可能性更大。②农户家庭特征。本章采用家庭劳动力数量、非农就业占比、是否有农业机械、家庭承包地面积、社会资本五个变量来测度农户家庭特征。家庭劳动力人数越多，家庭农业生产能力相对更强，其转入农地的可能性更高；非农就业占比可反映家庭劳动力非农转移程度，数据显示，样本农户家庭劳动力从事非农就业的比例平均高达78.5％，家庭劳动力非农就业程度越高，其转入农地的可能性越低。平均14.4％的样本农户家庭拥有农业机械，由于农业机械具有较高的资产专用性，农户在投资农业机械后，转入农地的可能性较大。家庭承包地面积越大，农户转入农地的可能性越低；社会资本是影响农地流转的重要因素，本章采用礼金和礼品支出数额来测度社会资本变量，送礼支出数额越大，农户家庭社会资本越丰富，有助于降低农地流转的交易费用，从而促进农户转入农地。③村庄特征。本章选取了村庄地形、村庄交通状况来反映村庄特征，村庄地形主要分为"平原"、"丘陵"和"山地"三类，村庄所处地形越平坦，越有利于农业机械使用，农户转入农地的可能性越大；村庄交通状况采用村庄交通道路硬化比例来测度，一般而言，村庄道路硬化比例越高，村庄交通条件越好，越有利于农户外出非农就业，从而降低农户转入农地的可能。

表9-1 变量设置与描述性统计分析

变量类型	变量名称	变量定义	均值	标准差
因变量	农地转入	1＝是；0＝否	0.483	0.5
解释变量	农业劳动力老龄化	60岁及以上农业劳动力人数与家庭农业劳动力人数之比	0.328	0.44

（续）

变量类型	变量名称	变量定义	均值	标准差
调节变量	农地确权	1＝已确权；0＝未确权	0.504	0.5
控制变量	户主性别	1＝男；0＝女	0.833	0.373
	户主年龄	户主实际年龄（岁）	54.684	14.062
	户主受教育程度	1＝未上过学；2＝小学；3＝初中；4＝高中（中专）；5＝大专；6＝大学本科及以上	2.941	1.239
	户主健康状况	1＝非常不健康；2＝比较不健康；3＝一般；4＝健康；5＝非常健康	3.576	1.04
	是否结婚	1＝已婚；0＝未婚	0.869	0.337
	是否党员	1＝党员；0＝非党员	0.142	0.35
	家庭劳动力数量	家庭劳动力人数（人）	2.537	1.655
	非农就业占比	家庭非农劳动力人数与总劳动力人数之比	0.785	0.335
	是否有农业机械	1＝有；0＝没有	0.144	0.351
	家庭承包地面积	家庭从村庄分得的土地面积（亩）（取对数）	1.32	0.939
	社会资本	礼品和礼金支出总额（元）（取对数）	5.315	3.872
	村庄地形	1＝平原；2＝丘陵；3＝山地	1.589	0.798
	村庄交通状况	村庄交通道路硬化比例（%）	72.117	24.903

9.3.3 模型选择

鉴于本章的因变量"是否农地转入"为二分类变量，因而采用二元Probit模型进行实证检验，同时，基于不同的农地确权情境，分析农地确权对农业劳动力老龄化与农地转入关系的调节作用，模型表达式为：

$$rentin_i = \alpha_0 + \beta_1 aging_i + \sum_{i=1}^{n} \delta_i control_i + \sigma \quad (9-1)$$

式（9-1）中，$rentin_i$ 表示第 i 个农户的农地转入行为；$aging_i$ 表示第 i 个农户家庭农业劳动力老龄化程度；$control_i$ 表示相应的控制变量，包括农业劳动力个体特征、家庭特征、村庄特征等；α_0 表示常数项；β_1、δ_i 表示待估计回归系数；σ 表示随机扰动项。

9.4 实证结果分析

本章运用Stata16.0进行了Probit模型回归实证分析，结果显示，模型通过了显著性检验。

9.4.1　农业劳动力老龄化对农地转入的影响分析

由表9-2可看出，农业劳动力老龄化对农地转入的影响在模型一、模型二与模型三中均通过了显著性检验，且回归系数均为负，表明研究假说一得到验证，并显示农业劳动力老龄化对农地转入影响的回归结果稳健。在模型三中，农业劳动力老龄化对农地转入的影响在5％统计水平上显著为负，且边际效应显示，在其他因素不变的条件下，农户家庭农业劳动力老龄化程度每提高1％，农户转入农地的可能性下降3％。这表明农业劳动力老龄化程度越高，越会对其农地转入行为产生明显的抑制作用。这主要是由于老年农业劳动力的身体机能下降，劳动能力降低，且对新事物的接受能力较差，导致其农业生产效率较低，难以满足现代农业发展的需要。

9.4.2　农地确权对农地转入的影响分析

表9-2结果显示，在模型二与模型三中，农地确权对农地转入行为的影响均在1％的统计水平上显著为正，反映农地确权能够有效促进农户转入农地，且边际效应表明，相对于未确权的农户，已确权农户转入农地的可能性显著提高4.35％，研究假说二得到验证。农地确权进一步明晰了农地产权，使农户家庭土地承包经营权稳定而有保障，提高了农地产权排他性能力，有助于节约农地流转交易费用，降低农地流转过程中潜在的不确定性，从而促进农户转入农地。

9.4.3　控制变量对农地转入的影响分析

由表9-2可知，户主性别对农地转入的影响在10％的统计水平上通过了显著性检验，且回归系数为正，表明相对于女性，男性转入农地扩大经营规模的可能性更大，这与预期一致。户主年龄、健康状况对农地转入的影响为负，但并未通过显著性检验。户主受教育程度、是否结婚、是否党员对农地转入的影响为正，与预期一致，但未通过显著性检验。家庭劳动力数量对农地转入的影响在5％的统计水平上显著为正，与预期相符，表明农户家庭劳动力数量越多，其家庭经营能力越强，越可能转入农地扩大经营规模。非农就业占比对农地转入的影响在 10% 的统计水平上通过了显著性检验,且回归系数为负,与预期一致;非农就业占比越高,农业生产越可能面临农业劳动力不足的约束,从而抑制农户转入农地。是否有农业机械对农地转入的影响在 1% 的统计水平上显著为正,与预期一致,表明拥有农业机械的农户家庭的农业生产能力更强,农业生产效率更高,需要扩大经营规模以匹配机械作业能力;边际效应显示,相对于没有农业机械的家庭,有农业机械的农户转入农地的可能性要提高 13.2%。家庭承包地面积对农地转入的影响在 1% 的统计水平上显著为负,表明家庭承包地面积越大,农户转入农地的可能性越低,与预期一致。社会资本对农地转入的影响为正,但未通过显著性检验。与平原地形相比,丘陵地形、山区地形对农地转入的影响均在 5% 的统计水平上显著为负,与预期一致,且边际效应显示,相对于平原地形,村庄所处地形为丘陵与山区,农户转入农地扩大经营规模的可能性将分别降低 3.53%、3.33%,表明不平坦的地形导致土地分散与细碎,不利于农业机械的应用,使农业生产效率相对较低,进而对农户转入农地行为形成抑制作用。村庄交通状况对农地转入的影响在 10% 的统计水平上通过显著性检验,且回归系数为负,表明村庄交通状况越好,农户转入农地的可能性反而更低,与预期相符。

表 9 - 2　老龄化对农地转入的基准回归结果

变量	模型一	模型二	模型三	边际效应
农业劳动力老龄化	-0.284***	-0.447***	-0.190**	-0.030 3**
	(0.047 7)	(0.060 1)	(0.087 0)	(0.013 9)
农地确权		0.137***	0.273***	0.043 5***
		(0.050 1)	(0.071 9)	(0.011 5)
户主性别			0.234*	0.037 3*
			(0.132)	(0.021 1)
户主年龄			-0.005 3	-0.000 85
			(0.003 4)	(0.000 6)
户主受教育程度			0.053 3	0.008 52
			(0.038 9)	(0.006 21)
户主健康状况			-0.017 3	-0.002 76
			(0.033 1)	(0.005 29)

（续）

变量	模型一	模型二	模型三	边际效应
是否结婚			0.109	0.017 4
			(0.133)	(0.021 2)
是否党员			−0.114	−0.018 3
			(0.124)	(0.019 8)
家庭劳动力数量			0.056 1**	0.008 9**
			(0.023 0)	(0.003 7)
非农就业占比			−0.239*	−0.038 2*
			(0.131)	(0.020 9)
是否有农业机械			0.827***	0.132***
			(0.076 5)	(0.011 9)
家庭承包地面积			−0.396***	−0.063 2***
			(0.049 1)	(0.007 6)
社会资本			0.009 6	0.001 5
			(0.009 52)	(0.001 5)
丘陵地形			−0.221**	−0.035 3**
			(0.088 2)	(0.014 0)
山区地形			−0.209**	−0.033 3**
			(0.094 8)	(0.015 1)
村庄交通状况			−0.002 13*	−0.000 34*
			(0.001 2)	(0.000 2)
省份	未控制	未控制	控制	控制
常数项	−0.634***	−0.940***	−3.884***	
	(0.024 9)	(0.042 0)	(0.378)	
样本	4 589	3 805	3 427	
伪 R^2	0.007 1	0.019 6	0.129 1	

注：括号中数字为稳健标注误，*、**、***分别代表在10%、5%和1%的统计水平显著。

9.4.4 农地确权的调节效应

为验证农地确权能否缓解农业劳动力老龄化对农地转入的不利影响，本章借鉴熊瑞祥等（2016）和钱龙等（2020）的做法，通过分样本来检验农地确权在农业劳动力老龄化与农地转入之间是否存在调节效应。表9-3结果显示，农业劳动力老龄化对未确权农户转入农地具有显著的负向影响，且在1%统计水平上通过显著性检验，表明农业劳动力老龄化程度越高，未确权农户转入农地的可能性越低。而对于已确权农户，农业劳动力老龄化的负向影响未通过显著性检验，表明农地确权确实能够有效缓解农业劳动力老龄化的不利影响，研究假说三得到验证。农地确权使农地产权得到明晰，提高了农地产权强度，增强了老龄农户农地产权保护能力，有助于降低老龄农户农地流转中的不确定性，稳定其农地转入预期收益，从而缓解农业劳动力老龄化对农地转入的不利影响。

表 9 - 3　农地确权对农业劳动力老龄化影响农地转入的调节作用

变量	未确权样本		已确权样本	
	回归系数	边际效应	回归系数	边际效应
农业劳动力老龄化	−0.363 ***	−0.050 4 ***	−0.080 9	−0.014 1
	(0.139)	(0.019 4)	(0.115)	(0.019 9)
户主性别	0.112	0.015 6	0.363 **	0.063 1 **
	(0.199)	(0.027 7)	(0.178)	(0.031 1)
户主年龄	−0.000 700	−9.71e−05	−0.006 92	−0.001 20
	(0.005 23)	(0.000 726)	(0.004 60)	(0.000 8)
户主受教育程度	0.023 0	0.003 19	0.059 0	0.010 3
	(0.059 6)	(0.008 28)	(0.053 1)	(0.009 2)
户主健康状况	−0.087 6 *	−0.012 2 *	0.037 9	0.006 59
	(0.052 4)	(0.007 26)	(0.042 4)	(0.007 4)
是否结婚	0.236	0.032 7	0.090 9	0.015 8
	(0.242)	(0.033 5)	(0.160)	(0.027 7)
是否党员	−0.416	−0.057 8	−0.030 8	−0.005 4
	(0.259)	(0.036 1)	(0.147)	(0.025 5)
家庭劳动力数量	0.052 5	0.007 28	0.064 6 *	0.011 2 *
	(0.035 1)	(0.004 83)	(0.033 2)	(0.005 75)
非农就业占比	−0.073 8	−0.010 2	−0.339 **	−0.058 9 **
	(0.223)	(0.030 9)	(0.169)	(0.029 4)
是否有农业机械	0.873 ***	0.121 ***	0.816 ***	0.142 ***
	(0.134)	(0.018 6)	(0.095 7)	(0.015 9)
家庭承包地面积	−0.479 ***	−0.066 5 ***	−0.396 ***	−0.068 9 ***
	(0.075 3)	(0.010 4)	(0.064 5)	(0.010 7)
社会资本	0.024 6	0.003 41	0.002 95	0.000 513
	(0.015 3)	(0.002 12)	(0.012 3)	(0.002 13)
丘陵地形	−0.196	−0.027 2	−0.272 **	−0.047 3 **
	(0.138)	(0.019 1)	(0.121)	(0.020 9)

（续）

变量	未确权样本		已确权样本	
	回归系数	边际效应	回归系数	边际效应
山区地形	−0.371**	−0.051 5**	−0.254**	−0.044 2**
	(0.188)	(0.025 9)	(0.118)	(0.020 5)
村庄交通状况	−0.001 54	−0.000 214	−0.002 76*	−0.000 481*
	(0.002 24)	(0.000 311)	(0.001 52)	(0.000 264)
省份	控制	控制	控制	控制
常数项	−3.965***		−0.899*	
	(0.563)		(0.484)	
样本	1 406		1 947	
伪 R^2	0.144 2		0.143 6	

注：括号中数字为稳健标准误，*、**、*** 分别代表在 10%、5%和 1%的统计水平显著。

9.5 研究结论与启示

本章基于中国劳动力动态调查数据（CLDS2016），实证分析了农业劳动力老龄化对农地转入的影响，并检验了农地确权的调节作用，结果表明：第一，农业劳动力老龄化对农地转入具有显著的负向影响。大量农村青壮年劳动力流入城镇从事非农就业，进一步加剧了农业劳动力的老龄化程度，由于老龄农业劳动力身体机能衰退，劳动能力下降，农业生产效率较低，导致其转入农地扩大经营规模的可能性下降。第二，农地确权能够显著促进农地转入。农地确权政策的实施，使农地产权得到明晰界定，增强了农地产权的排他性能力，提高了农地产权强度，有助于降低农地流转的不确定性，节约农地流转交易费用，从而激励农户转入农地扩大经营规模。第三，农地确权有助于缓解农业劳动力老龄化对农地转入的不利影响。老年农户行为能力较差，产权保护能力弱，导致其在农地流转中处于弱势地位，而农地确权通过给农户颁发承包经营权证，使其农地转入收益预期更加稳定，增强其对转入农地产权的行为能力，从而缓解老龄化对农户转入农地的不利影响。第四，户主性别、家庭劳动力数量、是否有农业机械对农地转入具有显著的正向影响，非农就业占比、家庭承包地面积、丘陵地形和山地地形对农地转入有显著的负向影响。

农村劳动力非农转移背景下，我国农业劳动力老龄化程度不断加深，给我国农业现代化发展与保障重要农产品供给带来越来越多的挑战。在此背景下，着眼于化解农业劳动力老龄化不利影响，不断促进农地转入以推进我国农地适度规模经营具有重要的现实意义。基于以上研究结论，提出以下对策建议：

第一，加快培育新型农业经营主体，积极应对农业劳动力老龄化的不利影响。农村劳动力外出背景下，应加大力度培育新型职业农民，让农民成为体面的职业，吸引农村青壮年劳动力从事农业生产，鼓励专业大户、家庭农场、农民合作社等新型农业经营主体发展，引导外出就业农民的承包地向新型农业经营主体流转集中，不断提高我国农业规模经营水平。

第二，完善农地确权政策，发挥农地确权的积极效应。农地确权不仅对农户转入土地有直接促进作用，还能够缓解老龄化对农地转入的抑制作用。因而要不断完善农地确权政策，确保农户拿到承包经营权证，但部分农村由于各种因素的影响，还未获得承包经营权证。同时，各地应根据自身情况选择合适的农地确权模式，总结推广地块先整合再确权模式，降低农地细碎化程度，进而促进农地流转。

第三，加大农机购置补贴力度，提高农业机械化水平。农业劳动力老龄化趋势不断加重，农业劳动力老龄化问题是无法回避的现实问题，针对老龄农业劳动力不断增多的状况，应加大对老年农户的支持，通过加强农机购置补贴力度，将更多新型农业机械纳入农机购置补贴范畴，并鼓励农机社会化服务发展，不断提高农业机械化水平，以此提升老龄农户农业经营能力，从而促进农地转入。

10 农地确权、细碎化与农村
劳动力非农转移*

10.1   问题提出与文献回顾

中国农村劳动力向城镇与非农产业转移为城镇化与工业化发展提供了充足的廉价劳动力，促进劳动力要素优化配置，为中国经济奇迹诞生做出重要贡献，同时也在一定程度上缓解农村人地矛盾，为发展农业适度规模经营创造了条件。据《2017 年农民工监测调查报告》显示，外出农民工接近 1.72 亿人，比上年增加 251 万人。但在农村家庭承包经营制度下，农村土地按照质量等级平均分配造成农地分散与细碎化经营格局，而农地细碎化导致农业生产效率损失，对现代农业发展带来不利影响，阻碍农业规模经营的发展（王嫚嫚等，2017）。现实的要求是，发展农业规模经营不仅要进一步推动农村劳动力转移，而且还要缓解农地细碎化问题。农村劳动力转移引发农村土地资源重新配置的要求，虽然中国农地流转比例在不断提升，但与其他国家相比，仍有较大的差距（陈飞、翟伟娟，2015）。为此，中国一直在不断完善农地制度，并正在推进农地确权改革。而产权限定行为主体选择的集合，帮助个体在与他人的交易中形成可把握的合理预期（Demsetz H，1967），产权的变化将驱动行为的改变。农地确权在提高农地产权强度，增强农地产权排他性的同时，是否会对农村劳动力非农转移就业产生影响？农地细碎化在其中又起何作用？有待进一步研究。

已有文献对农地产权与农村劳动力非农转移的关系展开了较为丰富的研究，但研究结论存在较大分歧。首先，部分文献指出稳定的土地产权能够有

---

* 本章原载于《西北农林科技大学学报（社会科学版）》2020 年第 2 期。

• 153 •

效促进农村劳动力向非农产业转移（刘晓宇、张林秀，2008；许庆等，2017）。土地调整导致土地产权不稳定，抑制与土地相连的长期投资，诱发农地利用短期行为，致使农业生产效率降低，进而阻碍农村劳动力非农转移。农地确权使农地产权进一步明晰，提高了非农劳动力转移过程中土地权益的保障程度，降低农村劳动力转移成本，进而激励农村劳动力非农转移。Giles J T 和 Mu R（2014）基于 2004 年中国 4 省 52 村的农户调研数据发现，不稳定的土地产权抑制农村劳动力非农转移，全村范围内的土地大调整概率增加 1%，将使农村劳动力参与非农转移的概率降低 4.3%。Rupelle 等（2009）、Mullan 等（2011）基于中国的研究也发现，不安全的土地产权使农地存在被征收的潜在风险，抑制农村劳动力非农转移，提高产权安全度可促进农村劳动力转移。其次，另外一部分文献认为不稳定的土地产权也会促进农村劳动力非农转移。Ma 等（2014）基于中国西北农村的研究发现，在土地流转市场发育滞后的村庄，土地调整对农村劳动力非农转移具有显著促进作用，以土地调整表征的不安全的农地产权将促进农村劳动力非农转移。仇童伟和罗必良基于全国九省 2 704 份农户调查数据的实证分析表明，在要素自由流动与农业比较收益相对较低的背景下，农地调整对农村劳动力非农转移具有促进作用（仇童伟、罗必良，2017）。张莉等也认为，当前农地确权仍处于初级阶段，阻碍农村劳动力参与非农就业，确权家庭更倾向于继续务农（张莉等，2018）。可见，现有文献主要用农地调整测度土地产权安全性，并以此分析土地产权对农村劳动力非农转移的影响，而从农地确权角度研究土地产权与农村劳动力非农转移关系的文献较缺乏。

在农地确权与细碎化方面，有研究认为农地确权能够促进农地流转（程令国等，2016；李金宁等，2017），进而通过农地流转缓解农地细碎化难题。但土地流转不能使地块在空间上发生位移，也就无法缓解农地细碎化问题（胡新艳等，2013）。农地确权提升农户家庭土地产权强度，增强农地产权排他性能力，提高农户对抗土地征收与土地调整的能力，使土地调整失去合法性依据，反而固化了农地细碎化格局（贺雪峰，2015；王海娟，2016）。在农地细碎化对农村劳动力非农转移的影响方面，有文献指出，农地细碎化导致农业生产管理困难，不利于农业机械应用，在降低劳动边际产出与农业总产出的同时，将抑制农村劳动力非农转移（卢华、胡浩，2017）。但这一结论可能存在逻辑不自洽的缺陷，因为在劳动力自由流动与农村劳动力具备非农转移能力的条件下，农地细碎化使农业生产收益降低，加剧农业相对比较收益劣势突出的问题，将促使农村劳动力转移到非农领域获取更高的收入水平，而不是坚守在农村继续务农。

综上所述，本章将利用农户调查数据，基于新一轮农地确权背景，研究农地确权对农村劳动力转移的影响，并将农地细碎化纳入分析框架，拓展农地确权对劳动力非农转移就业作用机制研究。

10.2 机理分析与研究假说

10.2.1 农地确权对农地细碎化的影响

中国紧张的人地关系矛盾与土地均分导致农地细碎化问题产生，严重抑制了农民生产积极性提高与农业生产能力增强，成为当前中国农业生产迫切需要解决的难题。在农村劳动力向城镇非农产业部门转移的背景下，在全国范围内自上而下实施农地确权政策，以期通过稳定土地承包权，赋予农户更有保障的土地财产权利，进而激活农地经营权，实现农地向新型农业经营主体集中与缓解农地细碎化问题的目标。但现实却是，农户户均经营规模不足10亩，不仅农业小规模经营现状未得到改善（韩俊，2018），而且农户间的土地流转并没有缓解农地细碎化问题，农地细碎化状况依旧严峻（胡新艳等，2013）。值得关注的是，已有研究对于农地确权与农地流转关系的认识存在较大分歧，有学者认为农地确权通过降低农地交易成本促进农地流转（程令国等，2016），也有研究表明，农地确权并不会促进农地转出行为发生（胡新艳、罗必良，2016；林文声等，2017），反而由于农地的人格化财产特征使农户的禀赋效应增强，进而抑制农地流转（罗必良，2016）。即使农地确权能够通过提高农地产权安全性与降低农地流转交易成本来促进农地流转，但农地流转并没有显著缓解农地细碎化难题的事实表明，农地确权无法通过农地流转有效实现改善农地细碎化状况的目标。相反，农地确权可能阻碍农地细碎化问题的解决，使农地细碎化格局固化。虽然农地确权提高了农地产权强度，但削弱了作为农地所有权主体的村集体对土地产权的整合能力（刘恺、罗明忠，2018），使农地失去调整的可能性，农地调整的空间被压缩

（陈江华、罗明忠，2018）。解决土地细碎化的有效途径是在对土地进行整治的基础上完善农业基础设施，通过土地调整归并地块，减少户均地块数，实现土地集中连片（郎秀云，2015；田孟、贺雪峰，2015）。因此，农地确权使农地调整的合法性丧失，进而固化土地细碎化格局。据此，提出本研究的第十五个研究假说：

H15：农地确权对缓解农地细碎化问题有负向影响。

10.2.2 农地细碎化对农村劳动力非农就业的影响

农地细碎化阻碍现代农业发展已成为共识。农地分散化与细碎化的一个显著特征是用于划分地块界限的田埂增多，导致有限的耕地资源过多的浪费在地权界定上，不利于土地生产潜力提高与规模经济效应发挥。农地细碎化的另一显著特征是农户家庭所承包的多数地块互不相连，且平均地块面积狭小。由此，一方面，地块互不相连使生产者在处于不同地理空间的地块间转移，不仅增加了农户家庭农业生产劳动投入，降低劳动生产效率，还导致农业生产管理与农田灌溉困难，推高农业生产成本（魏娟等，2017）。另一方面，较小的地块面积抑制现代农业机械的使用。在农村劳动力非农转移背景下，农业劳动力成本上升，通过引入农业机械实现对劳动要素的替代，减少农业生产中的劳动要素投入，能够有效降低生产成本，提高生产效率（仇童伟、罗必良，2018）。然而，狭小的地块限制农业机械生产效率发挥，农机使用成本较高，阻碍农业机械及其社会化服务的采用（纪月清等，2016；展进涛等，2016）。不仅如此，农地细碎化在增加劳动力与化肥等要素投入的同时，还降低所投入要素的边际产出弹性与农业生产收益（卢华、胡浩，2015），使农业生产技术效率下降（黄祖辉等，2014）。因此，在农地细碎化加剧农业比较收益劣势，对农业生产的不利影响凸显时，理性的农村劳动力倾向于参与非农就业以提高家庭收入。据此，提出本研究的第十六个研究假说：

H16：农地细碎化促进农村劳动力非农就业。

10.2.3 农地确权对农村劳动力非农就业的影响

农地确权通过产权稳定性效应与农地细碎化固化效应对农村劳动力参与

非农就业产生影响。首先，农地确权提高了农地产权强度，激励农村劳动力非农就业转移。在非农就业机会不断增加的背景下，小农经营比较收益劣势明显，务农机会成本持续上升，农村劳动力具有向非农部门转移的强烈意愿。但在农地未确权之前，不少地区农村的承包地依然可以随人口变动而不断调整，农地产权模糊、排他性程度低，一方面，降低了农地转出价值，另一方面，使农村劳动力向非农就业转移过程中的农地处置存在较大的不确定性，转出土地存在失地风险（程令国等，2016）。在农民工城市融入难度不断提高的情形下，农地依旧发挥着重要的社会保障功能（邹宝玲等，2017），家庭承包地丧失将使农村转移劳动力遭受损失，提高其非农转移机会成本，且随着农业补贴力度加大农村劳动力非农转移损失加剧（许庆等，2017）。农地确权使土地产权得到明晰界定，提升了农地产权稳定性预期，增强了排他性能力，降低了农地流转过程中的不确定性，使农村劳动力无须担心失地风险而积极参与非农就业（刘晓宇，张林秀，2008；许庆等，2017）。因此，农地确权可能通过提高农地产权强度而促进农村劳动力参与非农就业。

其次，农地确权虽然提高农地产权强度，但农地调整失去了合法性，农地调整空间被压缩，导致农地分散与细碎化格局被固化，阻碍农地细碎化问题的缓解。而农地细碎化抑制农业机械应用，不利于农业基础设施建设（王海娟，2016），推高农业生产成本，降低农业生产技术效率，加剧农业生产比较收益劣势，进一步推动农村劳动力向非农部门转移。

在上述逻辑推演的基础上可知，一方面，农地确权通过降低农地离农失地后的失地风险，即农地确权会降低农户非农转移的机会成本。另一方面，农地确权降低了农村集体通过整合的方式降低农地细碎化的可能性，即农地确权会加剧农地潜在的细碎化程度。从而有：

$$\frac{\partial d}{\partial Q} < 0 \qquad\qquad (10-1)$$

$$\frac{\partial t}{\partial Q} > 0 \qquad\qquad (10-2)$$

其中，d 指因为产权不稳定所带来的离农失地所导致的成本，t 指细碎化程度，Q 指农地产权强度。参考 Yang（1997）的做法，以一个代表性农户对该问题展开分析，同时为了分析的简便，本章不考虑闲暇①，即农户除了必要的闲暇之外，其他时间用于生产劳动。农户的决策模型如下：

$$\pi=t\left(\frac{L}{t}\right)^{\alpha}\left(\frac{N}{t}\right)^{\beta}+(w-d)(\overline{L}-L)+r(\overline{N}-N)-tcL$$

$$(10-3)$$

其中，L 是务农劳动力，N 是农地数量，$\overline{L}$和$\overline{N}$ 是家庭劳动力和土地的总禀赋，c 是因为细碎化所导致的单位务农劳动力所提升的成本，w、r 是非农就业市场的平均工资和农地流转市场平均租金，假设完全竞争市场。在农业规模报酬不变的条件下，$\alpha+\beta=1$，则根据一阶条件有：

$$\frac{\partial \pi}{\partial L}=\alpha L^{\alpha-1}N^{\beta}-(w-d)-tc=0 \qquad (10-4)$$

$$\frac{\partial \pi}{\partial N}=\beta L^{\alpha}N^{\beta-1}-r=0 \qquad (10-5)$$

从而有：

$$N^{\beta}=\frac{Nr}{\beta L^{\alpha}} \qquad (10-6)$$

将式（10-6）代入到式（10-5）中，得到式（10-7）：

$$\frac{\alpha N}{\beta L}=\frac{w-d+tc}{r} \qquad (10-7)$$

对式（10-7）进行整理得到：

$$L=\frac{\alpha}{\beta}\frac{r}{w-d+tc}N \qquad (10-8)$$

令 $k=w-d+tc$，对其求偏导，并根据式（10-1）、（10-2），可得到式（10-9）：

$$\frac{\partial k}{\partial Q}=-\frac{\partial d}{\partial Q}+\frac{\partial t}{\partial Q}c>0 \qquad (10-9)$$

所以，当 N 不变的情况下，对式（10-9）求偏导，可得$\frac{\partial L}{\partial Q}<0$，表明随着土地产权强度提升，农户家庭务农劳动力减少，即农地确权会促进劳动力非农转移。据此提出本研究的第十七个研究假说：

H17：农地确权通过农地细碎化对农村劳动力参与非农就业具有正向影响。

---

① 经过计算，即使在方程中考虑农户闲暇效用，结论仍未改变。

10.3　数据来源、变量设置与模型选择

10.3.1　数据来源

本研究所采用数据来源于教育部创新团队罗必良教授课题组于 2016 年对江西进行的农村入户调查项目。调研采取分层随机抽样的原则，在江西 7 个地区 13 个县（区）进行入户调查。调查问卷内容涉及家庭劳动力配置、家庭社会资本、村庄特征、土地流转、农业生产经营、农业社会化服务采用等方面。调研员主要为在校研究生，在调研实施前，课题组对调研员进行培训，使其熟悉问卷内容与掌握问卷调查技巧。本次问卷调查共发放问卷 2 000 份，收回 1 925 份，问卷有效率 96.25%，剔除没有从事农业经营的样本，本研究所用样本量为 1 402 份。

10.3.2　变量设置

（1）被解释变量。本章的因变量为非农就业劳动力占比，即农户家庭非农就业人数与家庭劳动力总数的比例，取值介于 0 至 1 之间，数值越接近于 1，表明农户家庭非农就业劳动力占比越高，家庭收入对工资性收入的依赖程度越高。由表 10-1 可见，样本农户家庭非农就业劳动力占比平均为 49%，表明近一半的家庭劳动力参与了非农就业。

表 10-1　变量设置与描述

变量名称	变量定义	均值	标准差
非农就业占比	家庭非农就业人数/家庭劳动力总数	0.49	0.32
农地确权	1=是；0=否	0.80	0.40
农地细碎化程度	耕地块数/耕地总面积	1.49	1.80
户主性别	1=男；0=女	0.63	0.48
户主年龄	户主实际年龄（岁）	54.04	11.02
高中及以上学历人数占比	高中及以上劳动力/劳动力总数	0.28	0.53
劳动力参与非农技术培训状况	1=没有；2=较少；3=较多	1.09	0.34
农地经营规模	家庭实际经营规模（亩）	14.08	51.88
人口抚养比	（16 岁以下人数＋70 岁以上人数）/劳动力总数	0.52	0.50

（续）

变量名称	变量定义	均值	标准差
是否为村庄大姓	1＝是；0＝否	0.67	0.47
是否有村干部	1＝是；0＝否	0.15	0.36
亲朋好友数量	1＝很少；2＝一般；3＝较多	2.52	0.64
粮食生产中机械采用程度	1＝很低；2＝较低；3＝一般；4＝较高；5＝很高	2.97	1.07
近五年土地调整情况	1＝没有调整；2＝部分调整；3＝全部调整	1.59	0.90
城乡收入差距	所在县城镇居民可支配收入与农村居民可支配收入的差（取对数）	9.44	0.13
村庄交通条件	1＝很差；2＝较差；3＝一般；4＝较好；5＝很好	3.87	0.80
土壤肥力	1＝很差；2＝较差；3＝一般；4＝较好；5＝很好	3.18	0.84
灌溉条件	1＝很差；2＝较差；3＝一般；4＝较好；5＝很好	3.19	0.96
村庄地形	1＝山区；2＝丘陵；3＝平原	2.14	0.40

注："城乡收入差距"来源于作者查询相关统计年鉴，其他数据来源于入户调查数据库。

（2）解释变量。①关键解释变量。本章的关键解释变量为农地确权，"1"表示农户所在村庄的农地已确权，"0"表示还未确权。在具体实践中存在"确权确地""确权确股不确地""整合确权"等多种确权形式，其中发源于广东省阳山县的"整合确权"作为零星个案存在，采取这种确权方式的区域非常少（谭砚文、曾华盛，2017）。2015 年中央 1 号文件要求从严掌握"确权确股不确地"，使"确权确股不确地"实施范围被严格控制，表明"确权确地"为当前农地确权的主要形式。因此，本章农地确权主要是指"确权确地"这种确权方式。②中介变量。本章的中介变量为农地细碎化，已有文献主要用地块数量来衡量农地细碎化程度（纪月清等，2016；黄祖辉等，2014），但在地块数相同的条件下，家庭耕地经营面积越大，平均地块面积越大，用地块数难以反映真实的细碎化状况，因而本文借鉴申红芳等的做法，采用地块数与农地经营面积之比来衡量农地细碎化程度，数值越大，农地细碎化程度越高。由表 10-1 可见，被调查样本农地细碎化程度较高，平均值为 1.49。

（3）控制变量。按照普遍做法，本章将以下控制变量纳入模型。①户主个体特征。本章采用户主性别与户主年龄来反映户主个体特征。男性与青壮年劳动力在非农就业市场具有比较优势，其家庭参与非农就业劳动力的比例可能更高，由表 10-1 可知，被调查样本家庭户主平均年龄达到 54 岁，表明农村务农劳动力呈现普遍的老龄化现象。②家庭特征。本章采用高中及以上学历人数占比、劳动力参与非农技术培训状况、农地经营规模、人口抚养比、是否村庄大姓、是否有村干部、亲朋好友数量来测度家庭特征。文化程度较高的劳动者不仅积累了相对丰富的知识，还具备较好的学习能力，其在非农部门具有比较优势，因而家庭劳动力中具有高中及以上学历成员占比越高，参与非农就业的比例可能越高。参与非农技术培训使劳动者获得非农技能，增强其在非农就业市场的竞争力，有助于增加其非农就业收入，因而家庭劳动力参与非农技术培训越多，参与非农就业的比例可能越高。农地经营规模越大，需要更多的劳动力投入在农业生产方面，从而降低家庭劳动力参与非农就业的比例。家庭人口抚养比越高，劳动力面临的经济压力越大，增加家庭收入的动机强烈，鉴于农业生产比较收益较低，家庭劳动力参与非农就业比例的可能性越大。是否村庄大姓、是否有村干部、亲朋好友数量从三个不同角度衡量了家庭的社会资本禀赋，社会资本越丰富，能够掌握更多的非农就业信息，参与非农就业比例可能更高。③村庄特征。本章采用粮食生产中机械采用程度、近五年土地调整情况、城乡收入差距、村庄交通状况、土壤肥力、灌溉条件、村庄地形来反映村庄特征。粮食生产中机械采用程度越高，有助于降低农业生产中的劳动力投入，使更多的劳动力资源配置于非农领域，提高非农就业参与比例。土地调整导致农地经营权不稳定，抑制农户对农地进行长期投资，降低农业生产综合效益（黄季焜、冀县卿，2012；洪炜杰，罗必良，2018），进一步促进农村劳动力向比较收益更高的非农部门转移。城乡收入差距是吸引农村劳动力转移的重要因素（Lewis W A，1954），城乡收入差距越大，农户家庭劳动力参与非农就业的比例越高。一般而言，村庄交通条件越好、到达乡镇与县城的距离越短，更容易获得非农就业机会，农村劳动力参与非农就业的比例可能更高。土壤肥力越高、灌溉条件越好，农业生产较为便利，土地产出率较高，农户留守务农的可能性更大；相反，较差的农业生产条件将成为农村劳动力向非农部门转移的推力。所在村庄地形对农村劳动力参与非农就业具有重要影响，越不平坦的地区不仅非农就业机会越稀缺，而且农业基础设施建设越滞后，农业生产条件越差，导致同等经营规模需要投入更多的劳动力，进而降低农村劳动力参与非农就业的比例。

10.3.3 模型选择

根据上文理论分析，本文主要采用中介效应模型来检验农地确权对农村劳动力非农转移比例的影响。具体模型表达式如下：

$$Transfer_{ij} = c_0 + c_1 Right_i + c_2 X_{ij} + \varepsilon_{ij} \qquad (10-10)$$

$$Fragmentation_{ij} = a_0 + a_1 Right_i + a_2 X_{ij} + \delta_{ij} \qquad (10-11)$$

$$Transfer_{ij} = \beta_0 + \beta_1 Right_i + \beta_2 Fragmentation_{ij} + \beta_3 X_{ij} + \mu_{ij}$$

$$(10-12)$$

上式中 $Transfer_{ij}$ 表示村庄 i 中的农户 j 家庭非农就业比例，$Right_i$ 为村庄 i 农地是否确权，$Fragmentation_{ij}$ 为村庄 i 农户 j 家庭的土地细碎化状况。X_{ij} 为纳入模型的控制变量，包括农户个体特征、家庭特征与村庄特征等方面的变量。ε_{ij}、δ_{ij}、μ_{ij} 为各模型的扰动项，c_0、a_0、β_0 分别为各模型的截距项，c_1、c_2、a_1、a_2、β_1、β_2 为待估计系数。本章采用逐步检验回归系数的方法，在 c_1 通过显著性检验的情况下，继续检验 a_1 与 β_2，如果 β_1 与 β_2 皆通过显著性检验，则表明土地细碎化起到部分中介的作用，如果只有 β_2 通过显著性检验，而 β_1 未通过显著性检验，则表明土地细碎化起着完全中介的作用。当 a_1 与 β_2 至少有一个不显著时，需要 Sobel 法进行检验（温忠麟等，2006）。

10.4 实证检验结果与讨论

10.4.1 回归估计结果与讨论

鉴于被解释变量"非农就业劳动力占比"取值介于 0 到 1 之间，属于被解释变量取值受限类型，因而采用 Tobit 模型进行估计，以保证估计结果的稳健性。本章运用 Stata14.0 进行 Tobit 回归估计，结果表明，总体上模型拟合良好（表 10-2）。

（1）农地确权、农地细碎化对农村劳动力非农就业比例的影响。模型一结果表明，农地确权对非农就业比例的影响在 5% 统计水平下显著，且回归系数为正，显示农地确权促进农村劳动力非农就业。从模型二结果可见，农地确权对农地细碎化的影响在 1% 统计水平下显著为正，表明在其他条件不变的条件下，确权地区农地细碎化程度更高。模型三结果表明，农地确权对非农就业比例的正向影响在10％统计水平下显著，而农地细碎化对非农就业比例的影响在1％统计水平下显著为正，从模型回归结果可知，农地确权对非农就业比例的影响存在直接效应与间接效应，其中农地细碎化起着部分中介的作用，研究假说一、二、三均得到验证。农地确权的直接效应在于，农地确权使农地产权界定进一步明晰，增强了农地经营权稳定性预期，提高了农地产权排他性能力，有助于规避农村劳动力非农转移后的失地风险，降低非农转移的机会成本，进而激励农村劳动力非农转移，提高农户家庭劳动力非农就业比例。农地确权的间接效应表现在，农地确权进一步明确土地承包经营关系长久不变，使农地调整合法性丧失，农地调整空间被压缩，造成农地细碎化格局被固化。与未确权地区相比，已确权地区的农地细碎化程度更高，不利于提高农业生产效率与降低农业生产成本，导致农业比较收益劣势进一步凸显，成为农村劳动力离农的重要推力。因而农地确权通过固化农地细碎化格局进而促进农村劳动力非农转移，提高农村劳动力非农就业比例。

（2）控制变量对农村劳动力非农就业比例的影响。户主性别对非农就业比例的回归系数为正，与预期一致，但未通过显著性检验。户主年龄对非农就业比例的影响均在1％统计水平下显著为负，与预期相符，表明户主年龄越大，家庭劳动力非农就业比例越低。高中及以上学历人数占比对非农就业比例的影响均在1％统计水平下显著为正，与预期相符，表明拥有高中及以上文化程度的劳动力越多，其家庭劳动力的非农就业比例可能更高。参与非农技术培训对非农就业比例的影响系数为正，与预期一致，但未通过显著性检验，表明参与非农技术培训对非农就业比例的影响不显著。农地经营规模对非农就业比例的负向影响均在1％统计水平下显著，与预期相符，表明在其他条件不变的情况下，农地经营规模越大，需要将更多的家庭劳动力配置于农业生产领域，使家庭劳动力的非农就业比例较低。人口抚养比对非农就业比例的回归系数为负，与预期一致，但未通过显著性检验，表明人口抚养比对非农就业比例的影响不显著。是否村庄大姓、是否有村干部、亲朋好友数量对非农就业比例的影响均未通过显著性检验，其中是否村庄大姓与是否有村干部对非农就业比例的影响系数为负，与预期不符，可能由于村庄大姓

表 10 - 2 农地确权对农村劳动力非农就业的线性回归模型估计结果

变量	非农就业比例（模型一）		农地细碎化（模型二）		非农就业比例（模型三）	
	回归系数	稳健标准误	回归系数	稳健标准误	回归系数	稳健标准误
农地确权	0.070 1**	0.033 7	0.118***	0.041 5	0.063 1*	0.033 5
农地细碎化					0.034 1***	0.009 6
户主性别	0.007 5	0.028 4	0.029 2	0.039 4	0.000 2	0.028 3
户主年龄	-0.004 9***	0.001 3	-0.001 5	0.001 6	-0.004 6***	0.001 3
高中及以上学历人数占比	0.179***	0.017 4	-0.034 5	0.031 9	0.178***	0.017 2
参与非农技术培训	0.046 0	0.031 7	0.055 1	0.061 0	0.041 7	0.031 7
农地经营规模	-0.001 0***	0.000 3	-0.001 8***	0.000 5	-0.000 9***	0.000 3
人口抚养比	-0.007 9	0.032 4	-0.014 0	0.034 7	0.000 6	0.032 4
是否为村庄大姓	-0.015 7	0.017 8	-0.005 10	0.024 9	-0.014 4	0.017 8
家庭成员中是否有村干部	-0.052 4	0.035 7	-0.068 5	0.048 3	-0.050 2	0.035 3
亲朋好友数量	0.011 9	0.021 6	-0.014 6	0.028 3	0.007 99	0.021 5
粮食生产中机械采用程度	0.001 0	0.013 1	-0.084 0***	0.017 7	0.010 6	0.013 1
近五年土地调整程度	-0.012 9	0.015 7	-0.109***	0.018 6	-0.004 6	0.015 9
城乡收入差距	0.207*	0.115	0.055 4	0.141	0.199*	0.116
村庄交通条件	0.044 2***	0.016 8	-0.079 1***	0.024 7	0.047 0***	0.016 9

（续）

变量	非农就业比例（模型一）		农地细碎化（模型二）		非农就业比例（模型三）	
	回归系数	稳健标准误	回归系数	稳健标准误	回归系数	稳健标准误
土壤肥力（以肥力很差为照）						
土壤肥力较差	−0.058 6	0.088 8	−0.038 5	0.158	−0.052 0	0.089 6
土壤肥力一般	−0.093 1	0.089 9	−0.108	0.156	−0.080 2	0.090 7
土壤肥力较好	−0.044 9	0.093 0	−0.050 4	0.159	−0.032 9	0.093 9
土壤肥力很好	0.137	0.123	−0.021 3	0.193	−0.124	0.124
灌溉条件（以条件很差为参照）						
灌溉条件较差	−0.099 2	0.073 7	0.115	0.115	−0.109	0.074 0
灌溉条件一般	−0.096 1	0.075 1	0.057 3	0.112	−0.106	0.075 4
灌溉条件较好	−0.122	0.077 5	0.009 11	0.117	−0.123	0.077 8
灌溉条件很好	0.042 4	0.103	−0.249*	0.144	0.048 5	0.103
村庄地形（以山地地形为参照）						
丘陵地形	0.137*	0.072 2	−0.152	0.149	0.128*	0.072 4
平原地形	0.125	0.080 4	−0.453***	0.153	0.131	0.080 6
常数	−1.488	1.118	1.652	1.386	−1.512	1.121
sigma	0.450***	0.014 1	0.501***	0.016 0	0.447***	0.014 0
样本	1 402		1 400		1 400	

注：***、**、* 分别表示 1%、5%、10%显著性水平。

与家庭成员中有村干部使农户在本村的资源获取方面更有优势，留在村庄务农能够更好地利用这一优势，进而降低家庭劳动力非农就业比例；而亲朋好友数量对非农就业比例的影响系数为正，与预期一致。粮食生产中机械采用程度对非农就业比例的影响虽未通过显著性检验，但回归系数为正，表明粮食生产中机械采用有助于推进农村劳动力参与非农就业。近五年土地调整程度对非农就业比例的影响虽未通过显著性检验，但回归系数为负，与预期一致。城乡收入差距对非农就业比例有正向影响，且在10%统计水平下显著为正，与预期相符，表明城乡收入差距越大，农村家庭劳动力参与非农就业的比例越高。村庄交通条件对非农就业比例的影响均在1%统计水平上显著为正，与预期一致，较好的村庄交通条件促进信息流通，使农村劳动力更易获取非农就业机会，促进农户家庭劳动力非农就业比例提升。以土壤肥力很差为参照，土壤肥力较差、一般、较好、很好均对非农就业比例的影响系数为负，与预期一致，但未通过显著性检验，表明土壤肥力对非农就业比例的影响不显著。以灌溉条件很差为参照，灌溉条件较差、一般、较好对非农就业比例的影响未通过显著性检验。以山地地形为参照，丘陵地形与平原地形对非农就业比例的影响系数均为正，与预期不一致，其中丘陵地形对非农就业比例的正向影响通过了显著性检验，表明与山区的农村家庭相比，丘陵地区农村家庭劳动力非农就业比例可能更高。

10.4.2　倾向得分匹配估计检验

在调查中发现，农地确权仍是以试点的方式推进，一方面，农地确权需要投入大量的人力与财力，因而经济发展水平相对较高的地区更能够为农地确权提供较多的经费支持，其辖区内农村被选为农地确权试点区域的可能性更大；另一方面，农地确权后要求农地不再调整，将对农村现有利益格局产生影响，甚至遇到较强阻碍，在村组织力量较强与缺乏农地调整传统的农村，农地确权易于实施。据此可知，农地确权样本可能存在"选择性偏差"，进而可能导致上文估计结果出现偏差。因此，本章进一步选择使用倾向得分匹配法（PSM）模型验证农地确权对农地细碎化与农村劳动力转移比例的影响。

本章采用近邻匹配、卡尺匹配、卡尺内最近邻匹配与核匹配四种倾向得分匹配方法来解决"自选择"问题，结果表明：处理组平均处理效应为0.432～0.524，且通过1%显著性水平检验，反映农地确权确实固化了农地细碎化格局，与还未确权的农村相比，已确权农村的农地细碎化程度可能更高（表10-3）。

表 10 - 3　农地确权对农地细碎化的处理效应

匹配方法	处理效应	处理组	控制组	差距	标准误	t 值
近邻匹配	匹配前	1.633	1.035	0.598***	0.165	3.63
	ATT	1.636	1.112	0.524***	0.122	4.28
卡尺匹配	匹配前	1.633	1.035	0.598***	0.165	3.63
	ATT	1.636	1.201	0.435***	0.105	4.13
卡尺内最近邻匹配	匹配前	1.633	1.035	0.598***	0.165	3.63
	ATT	1.636	1.112	0.524***	0.122	4.28
核匹配	匹配前	1.633	1.035	0.598***	0.165	3.63
	ATT	1.636	1.204	0.432***	0.106	4.09

注：***、**、*分别表示1%、5%、10%显著性水平。

进一步采用倾向得分匹配方法来估计农地确权对农村劳动力非农就业比例的影响，结果显示，在解决"自选择"问题的基础上，确权组平均处理效应为0.062～0.099，均在1%统计水平下显著，表明与还未确权的农村相比，已确权农村的劳动力转移程度相对更高（表10-4）。

表 10 - 4　农地确权对农村劳动力非农就业比例的处理效应

匹配方法	处理效应	处理组	控制组	差距	标准误	t 值
近邻匹配	匹配前	0.487	0.429	0.058***	0.022	2.62
	ATT	0.486	0.387	0.099***	0.036	2.76
卡尺匹配	匹配前	0.487	0.429	0.058***	0.022	2.62
	ATT	0.486	0.424	0.062***	0.027	2.28
卡尺内最近邻匹配	匹配前	0.487	0.429	0.058***	0.022	2.62
	ATT	0.486	0.387	0.099***	0.036	2.76
核匹配	匹配前	0.487	0.429	0.058***	0.022	2.62
	ATT	0.486	0.423	0.063***	0.028	2.28

注：***、**、*分别表示1%、5%、10%显著性水平。

10.5 结论与启示

本章基于江西 1 402 份农户调查数据，在理论分析的基础上，实证检验了农地确权与农地细碎化对农村劳动力非农就业比例的影响。结果表明，农地确权不仅对农村劳动力非农就业比例产生直接的显著正向影响，而且通过农地细碎化对非农就业比例产生间接的显著正向影响；一方面，农地确权提高了农地经营权稳定性预期，增强了农地产权排他性能力，降低农村劳动力非农转移过程中的失地风险，激励农村劳动力参与非农就业；另一方面，农地确权固化了农地细碎化格局，阻碍农地细碎化问题的缓解，抑制农业生产效率提升，导致农业生产成本较高，使农村劳动力务农意愿降低，推动农村劳动力参与非农就业。此外，户主年龄、农地经营规模与灌溉条件对非农就业比例有显著负向影响，而高中及以上学历人数占比、城乡收入差距、村庄交通条件与丘陵地形对农村劳动力非农就业比例的影响显著为正。

着眼于促进农业现代化发展与农村劳动力非农转移，至少有以下启示：

首先，继续推进并完善农地确权工作，释放农地制度改革红利。要发挥农地确权增强农地产权稳定性与保障外出农民土地权益的积极作用，进一步建立健全"农地三权"分置制度和机制，为农地流转创造更好的制度条件，激励农户在农地权益得到保障的情况下，实施农地流转，进而加快农村劳动力非农转移步伐。

其次，缓解农地细碎化难题，促进现代农业发展。农地细碎化已成为阻碍中国现代农业发展的重要难题，使农村青壮年劳动力离农意愿强烈，加剧农村劳动力非农转移背景下"谁来种地"的问题。因而，要探索"换地并块""联耕联种"等降低农地细碎化的有效形式，改善农业生产条件，提高农业生产便利程度。可以借鉴"整合确权"的成功案例，加强农业基础设施建设，弱化不同位置地块间的质量差异，鼓励在村庄内部对农户家庭承包土地进行换地并块，减少每户承包地块数，减轻农地确权对缓解农地细碎化难题的不利影响。

最后，大力发展非农产业，为农村转移劳动力提供丰富的非农就业机会。当前中国人地关系矛盾依然突出，分散的小规模经营仍占主体地位，需要进一步转移农村剩余劳动力，为实现农业适度规模经营提供条件。但农村劳动力转移的前提是存在较丰富的、具有比较收益优势的非农就业机会。因而要乘乡村振兴战略的东风，按照产村人融合的基本思路，进一步支持县域经济发展，鼓励农村一二三产融合，为农村劳动力就近就地转移提供更多非农就业机会。

11 主要研究结论与政策含义

本书在提出科学问题的基础上，通过梳理现有相关文献，进一步明确研究问题，并建立理论分析框架，针对研究问题提出研究假说，最后基于粤赣两省 2016 年水稻种植户调查数据，考察了农村劳动力转移背景下农地确权对农户水稻劳动密集型环节外包及其农机服务供给参与行为的影响。本书重点关注了以下三方面：①农地确权对水稻劳动密集型生产环节外包行为的影响；②农地确权背景下水稻劳动密集型环节外包方式选择的影响分析；③农地确权对农机户参与农机服务供给行为的影响。本书在既有研究的基础上，推进了农业生产环节外包领域的相关研究，丰富了农业社会化服务文献，有助于为政府部门促进农业社会化服务发展的决策提供科学依据。在理论与实证分析的基础上，本书得出以下研究结论，并根据研究结论提出了促进农业社会化服务发展的若干政策建议。

11.1 主要研究结论

11.1.1 农地确权通过激励农机投资间接影响生产环节外包

以粤赣 508 户转入土地扩大水稻种植规模的稻农为研究对象，通过构建中介效应模型，探究了农地确权影响水稻劳动密集型生产环节外包的传导机制，结果表明：

（1）农地确权显著负向影响水稻劳动密集型生产环节外包行为，但并不对生产环节外包行为产生直接影响，而是通过激励农户增加农机投资对生产环节外包行为产生间接影响，即农机投资在农地确权与劳动密集型生产环节外包之间扮演完全中介作用的角色。具体而言，农户转入农地扩大经营规模，使其具有投资农机的激励，但农地流转市场充满不确定性，在转入地块经营权预期不稳定的条件下，经营规模扩大所引致的农机投资激励被弱化，因而转入方所转入地块经营权预期是否稳定成为其是否投资农机的关键。

（2）农地确权通过产权明晰与产权强度提升而降低了农地流转过程中的不确定性，增强转入方经营规模稳定性预期，激励其投资农业机械，进而导致其对生产环节外包服务需求下降，甚至被完全替代；但对于经营规模较大的稻农家庭而言，受限于农业机械的作业能力，自有机械不能匹配家庭经营规模，难以完全满足家庭农业生产活动，因而需要在利用自有农机的同时引进生产环节外包活动，表现为农机投资对外包服务需求的影响既有替代效应，也有互补效应，只是对生产环节外包需求的互补效应相对于未投资农机时的状态下要低。但由于整地机械作业效率低于收割机械，农机投资的替代效应与互补效应并存现象只存在于整地环节。

（3）从经营规模与生产环节外包的关系看，一方面，随着经营规模扩大，农户投资整地机械的比例显著上升，而经营规模与收割机械投资具有显著的"U"形关系，即经营规模较小与较大的农户投资收割机械的比例较高，而经营规模一般的农户投资收割机械的比例较低；另一方面，稻农经营规模与整地环节外包行为呈显著"U"形关系，在经营规模越过临界值之后，受限于自有整地机械的作业能力，经营规模较大的稻农在利用自有农机的同时也会引入整地机械社会化服务；经营规模较小的稻农投资整地机械的比例低，对机械作业需求主要通过将整地环节外包来实现；而经营规模一般的农户，投资整地机械的比例比经营规模较低的农户要高，由于整地机械与其家庭经营规模相匹配，使家庭经营规模一般的农户将整地环节外包的比例相对于经营规模较大与较小稻农的比例要低；与整地环节不同的是，经营规模对收割环节外包行为呈显著"倒U"形关系；投资收割机械比例较低，且经营规模一般的农户，其将收割环节外包的可能性较高；投资收割机械比例相对较高，且经营规模较小与较大的农户，其将收割环节外包的可能性较低；由于收割机械作业效率较高、作业能力较强，完全能够匹配经营规模较大农户的家庭生产活动需求，其对生产环节外包服务需求较低；本书论证过程考虑了不同生产环节的特性差异，研究结论较好地解释了稻农劳动密集型生产环节的外包行为。

（4）家庭收入对整地与收割环节外包有显著正向影响。家庭收入越高，稻农家庭对生产环节外包服务的支付能力越强，其将整地与收割环节外包的可能性越大；收割机械服务价格显著负向影响收割环节外包行为，收割机械服务价格越高，收割机械服务使用成本越高，稻农将收割环节外包的可能性越低；雇工成本对整地环节外包具有显著正向影响，表明雇人成本越高，抑制稻农对雇请人工外包方式的需求，转而增加对机械作业为主的整地环节外包服务的需求；劳动力与机械作为农业生产投入的两种要素，要素的稀缺性引起相对价格变化，进而导致农户调整要素投入结构，减少稀缺要素的投入，增加相对丰裕要素的投入，而雇工成本上升表明农业劳动力稀缺程度提高，雇请人工相对较难。家庭务农人数对收割环节外包的影响显著为负。土地细碎化程度对整地与收割环节外包均有显著的负向影响，土地细碎化程度越高，稻农将劳动密集型环节外包的可能性越低，表明较高的土地细碎化程度导致农机作业难度加大，农机作业成本上升，抑制稻农生产环节外包行为。

11.1.2　农地确权背景下生产环节外包方式选择的影响因素多样

以将水稻整地与收割环节至少一类生产环节外包的 1 614 户样本为研究对象，其中 935 户将整地环节外包，1 486 户将收割环节外包，基于农地确权背景，从土地资源禀赋视角实证分析了经营规模与地形条件对生产环节外包方式选择的影响。结果表明：

（1）农地确权对稻农在收割环节选择雇请人工方式有显著正向影响。本研究认为农地确权降低了农业社会化服务供需双方关于地块的信息不对称性程度，提高了人工作业成果测量的准确性，有利于抑制人工服务供给主体偷懒倾向，缓解雇工监督难题，使稻农更愿意在收割环节选择雇请人工的作业方式。

（2）水田面积、是否山地地形、是否丘陵地形均对水稻劳动密集型环节外包方式选择行为具有显著正向影响，且水田面积与地形对水稻劳动密集型环节外包方式选择行为的交互影响显著为正。首先，农业生产环节外包服务可获得性在不同时点上存在差异，当经营规模较大的农户为加快农业生产而率先开始劳动密集型环节生产外包活动时，由于此时农业生产性服务市场需求容量还较小，农机社会化服务供给主体还未进入市场提供服务，农机社会化服务可获得性较低，稻农雇请人工的可能性上升。其次，在水稻成熟后准备收割时，粤赣两省受台风等自然灾害影响频繁，在农机社会化服务还未进入农业服务市场提供农业机械服务之前，部分经营规模较大的稻农倾向于雇请人工作业模式，以加快水稻收割进度，规避潜在的自然灾害。最后，作为非平原地形的山地地形与丘陵地形，土地细碎化程度较高，田间机械可通达性较差，限制农机作业潜能发挥，导致农机作业成本高，致使部分经营规模较大的农户可能雇请人工作业的方式来缓解家庭务农劳动力不足的约束。

（3）水田细碎化程度显著促进稻农在劳动密集型环节外包中选择雇请人工的作业方式；收割机械费用对稻农的收割环节外包方式选择有显著正向影响，收割机械服务价格越高，收割机械服务使用成本越高，促使稻农选择雇请人工替代型外包方式的可能性越大。而雇工费用对整地与收割环节外包方式选择具有显著的负向影响，表明人工成本越高，稻农在劳动密集型环节雇请人工的可能性显著下降。

11.1.3　农地确权对农机户参与农机服务供给的影响不显著

以拥有劳动密集型环节机械的 787 户样本为研究对象，其中拥有整地机械的农户为 561 户，拥有收割机械的农户为 403 户，同时拥有这两种机械的农户为 177 户。从农地确权角度实证分析了农机户参与农机社会化服务供给的因素，并运用倾向得分匹配法（PSM）对研究结论进行了稳健性检验，以消除样本选择可能存在的"自选择"问题。结果表明：

（1）农地确权对农机户参与劳动密集型环节农机服务供给有正向影响，但没有通过显著性检验，且结果稳健。一方面，农地确权通过降低农机服务供需双方关于地块信息的不对称性而促进农机户参与农机服务供给的研究假说并未得到实证支持。在农村熟人社会背景下，农机服务供需双方的交易行为是一种重复博弈关系，有助于遏制农机服务需求方的机会主义行为，使双方关于地块信息的不对称性较低，因而对农机户参与农机服务供给未产生显著的影响。另一方面，农地确权通过抑制农地调整而固化了农地细碎化状况，但并没有恶化农地细碎化局面，因而农地确权通过细碎化影响农机服务供给参与行为的假说不成立。

（2）基于家庭经营规模视角，水田面积对农机户参与整地与收割环节机械服务供给存在显著"倒 U"形关系。随着稻农家庭所经营水田面积的增加，农业收入对农机户家庭收入的重要性逐渐提高，在经营规模不匹配农机作业能力的条件下，农机户参与农机服务供给的可能性提高。而当经营规模越过临界点后，规模越大，农机主要用于满足家庭农业生产，为其他农户提供农机服务的时间下降，导致农机户参与农机服务供给的概率降低。

（3）家庭务农劳动力人数与机械服务价格对农机户参与收割环节外包服务供给有显著正向影响，务农劳动力兼业比例对农机户参与整地与收割环节农机服务供给均有显著的正向影响，收割机械服务价格越高，农机户参与收割环节机械服务供给越有利可图，有助于增加家庭收入，因而其参与农机服务供给的积极性较高。村庄土地细碎化程度对农机户参与整地与收割环节农机服务供给均有显著负向影响，村庄细碎化程度越高，农机户参与劳动密集型环节农机服务供给的可能性越低。相对于山区的农户，平原地区的农户更愿意参与劳动密集型环节的农机服务供给。

11.1.4　农地确权对农地转入的影响

首先，农地确权能够显著促进农地转入。农地确权政策的实施，使农地产权得到明晰界定，增强了农地产权的排他性能力，提高了农地产权强度，有助于降低农地流转的不确定性，节约农地流转交易费用，从而激励农户转入农地扩大经营规模。其次，农地确权有助于缓解农业劳动力老龄化对农地转入的不利影响。老年农户行为能力较差，产权保护能力弱，导致其在农地流转中处于弱势地位，而农地确权通过给农户颁发承包经营权证，使其农地转入收益预期更加稳定，增强其对转入农地产权的行为能力，从而缓解老龄化对农户转入农地的不利影响。

11.1.5　农地确权对农村劳动力非农转移的影响

农地确权不仅对农村劳动力非农就业比例产生直接的显著正向影响，而且通过农地细碎化对非农就业比例产生间接的显著正向影响；一方面，农地确权提高了农地经营权稳定性预期，增强了农地产权排他性能力，降低农村劳动力非农转移过程中的失地风险,激励农村劳动力参与非农就业;另一方面,农地确权固化了农地细碎化格局,阻碍农地细碎化问题的缓解,抑制农业生产效率提升,导致农业生产成本较高,使农村劳动力务农意愿降低,推动农村劳动力参与非农就业。

11.2　政策含义

在工业化与城镇化背景下,农村劳动力持续向城镇与非农部门转移,使农业劳动力大幅减少,加重农业劳动力老龄化与弱质化趋势,引发农业用工成本不断攀升,导致"谁来种地"与"如何种地"问题的产生。在我国小规模与细碎化的经营格局下,实施农地确权有助于引导土地向新型农业经营主体集中以推进适度规模经营,借此走上农业现代化之路,但在土地规模经营发展滞后于预期的情形下,大力发展农业社会化服务是推进农业分工深化的有效路径,有助于提高农业综合生产能力,促进小农户与现代农业发展有机衔接,同样是推动中国农业现代化进程的有效途径之一。

(1)继续推进与完善农村土地确权工作,发挥农地确权的积极效应。本研究表明,农地确权有助于增强土地转入方土地经营权稳定性预期,降低农地流转合约期内所转入地块被转出方提前收回的风险,激励其投资农机,进而提高中国农业机械化水平,促进农业现代化的发展。为此,相关部门要运用好农地确权成果,推进我国农业现代化建设。一方面,应继续推进与完善农地确权进度,将确权工作落到实处,确保经营权证发放到位,明确承包地面积、方位与四至,使农户真正感受到农地产权强度提升,增强扩大农业经营规模的农户对农地投资的信心;另一方面,提高农户购机补贴力度,降低农机购置成本,支持经营规模较大的农户积极投资农业生产机械,促进农业机械化水平提升。

(2)鼓励农户将生产环节外包,推动农业经营方式转型。农户将生产环节外包不仅有助于诱导农业服务供给主体生成,使其获取农业服务经营规模经济效应,促进农业分工深化,还可有效提高家庭农业生产效率,促进农业劳动力非农转移,进而提升家庭收入水平。农业部门要树立一批农业经营示范户,鼓励与帮助示范户率先采纳先进农业生产技术,积极将生产环节外包给专业化农业服务经营主体，促进先进生产方式在区域内传播，带动区域内农业经营方式转型。

（3）鼓励农机户参与农机服务供给，提高农机服务可获得性。农机户参与农机服务供给不但有助于提高农机社会化服务可获得性，而且能够提高农机利用率，拓宽农机户家庭收入渠道，增加其家庭收入。不同规模的稻农在不同的劳动密集型环节拥有农业机械的状况存在差异，没有投资农机的稻农家庭对外包服务的需求较高，即使对于拥有整地机械的规模较大的稻农而言，其整地环节生产活动在利用自有农机的基础上依然需要引入整地社会化服务。因此，在农村劳动力转移与务农劳动力老龄化背景下，政策部门应鼓励与支持拥有农业机械的农户家庭积极参与农机服务供给，在扶持政策上予以倾斜，引导农机户联合起来成立农机专业服务组织，提高农机服务能力与农机服务可获得性，为农业规模经营提供支撑。

（4）引导农业社会化服务供需有效对接，防止农业服务价格非理性上涨。农机社会化服务市场遵循供求价格的一般规律，较高的农机服务价格抑制外包服务需求。农业社会化服务可获得性在不同区域有较大差异，在农业社会化服务可获得性较低的地区，农业社会化服务市场可能是垄断性的，导致农业服务价格高于市场均衡价格，不利于农业社会化服务市场健康有序发展。因此，相关部门应积极构建农业社会化服务供需信息平台，建立农业社会化服务供需信息传播渠道，利用现代通信技术与互联网络平台及时发布农业社会化服务供需信息，促进农业社会化服务供需对接，降低农业社会化服务交易成本。此外，相关部门还应加强对农业社会化服务市场监管，防止农业生产环节外包服务价格不合理上涨，维护农业社会化服务市场有序竞争，保障农业经营主体的利益。

（5）完善农业生产基础设施，降低土地细碎化程度。土地细碎化问题是当前中国农业发展过程中面临的重要掣肘，不仅抑制农户生产环节外包服务需求，还阻碍农机户参与农机服务供给，不利于农业生产效率提升与农业现代化的实现。因此，一方面，应加大农业生产基础设施投入，完善田间道路设施，提高田间农业机械通达性，促进农业机械应用；另一方面，应探索土地置换整合、联耕联种等有效降低农地细碎化的途径，为农业机械的应用创造有利的外部条件。

（6）加大农业科研投入，研发适用于非平原地区的农业机械。在山地与丘陵地区，农业机械应用受到地形限制，使农业机械应用成本较高，抑制农业机械化水平提升。因此，政府部门要组织相关科研机构加大农业科技投入，研发适合非平原地形的小型农业机械，破解非平原地区机械应用难题，提高山地与丘陵地区农业机械化水平，降低农机使用成本。

11.3　研究展望

本研究基于粤赣两省 1 998 户水稻种植户的调查数据，实证分析了农地确权对水稻生产环节外包行为与农机服务供给参与的影响，为明确农地确权对生产环节外包行为与农机户参与农机服务供给行为的作用机制做了一些工作，但受限于自身研究能力与客观条件，本研究存在一些不足，需要沿着当前研究思路在以下方面深入推进与拓展：

第一，探索农地确权对水稻生产环节外包影响可能存在的其他途径。本研究基于转入土地农户样本，从农机投资角度分析了农地确权影响生产环节外包的传导机制，而没有探究农地确权是否通过农地流转与劳动力转移对劳动密集型生产环节外包行为产生影响，因而需要在未来将这一研究继续推进。

第二，跟踪观察农地确权政策的长期影响。政策对行为的影响具有长期性与广泛性，要客观评估政策效应需要从更长的时期与更多元的视角进行。而农地确权政策到 2013 年才开始全面实施登记颁证工作，距课题组 2016 年实施入户调查也只有 3 年的时间，潜在的要素配置效应可能还未显现，需要进一步跟踪观察。

第三，评估不同确权模式对生产环节外包行为的影响。现实中，还存在"整合确权""确股不确地"等确权模式，不同的确权模式对行为主体决策的影响可能存在差异（罗明忠、唐超，2018）。例如"整合确权"通过农地整合，使农户家庭承包地由小块并成大块，实现地块连片与土地细碎化程度降低，提升土地价值与耕作便利程度（罗明忠等，2017），最终可能对农户生产环节外包行为产生影响。因此，分析不同确权模式对农户生产环节外包行为的影响是一个值得推进的研究。

第四，拓展外包程度、外包价格与农机投资类型及其影响的相关研究。一是既有研究主要在分析稻农是否将生产环节外包，而对农户生产环节外包程度缺乏关注。即使在外包比例较高的收割环节，稻农并不是将所有的收割活动外包，而是在家庭劳动的基础上，引入收割社会化服务，但这种外包程度的现状及其环节间的差异鲜有研究关注。二是外包价格作为影响农业社会化服务需求与供给的重要因素，其在农地确权背景下如何变化也是值得进一步研究的重要内容。三是在水稻劳动密集型环节存在不同马力与作业能力的农业机械，由于家庭经济能力、经营规模、地形条件等因素的差异，不同农户可能投资不同类型的机械，进而对其生产环节外包行为与农机服务供给行为产生影响。因此，未来相关研究需要进一步识别不同类型农业机械对农户生产行为的影响。

北京天则经济研究所《中国土地问题》课题组，张曙光. 土地流转与农业现代化 [J].
管理世界，2010 (7)：66 - 85，97.

蔡键，刘文勇. 社会分工、成本分摊与农机作业服务产业的出现——以冀豫鲁三省农业
机械化发展为例 [J]. 江西财经大学学报，2017 (4)：83 - 92.

蔡键，唐忠，朱勇. 要素相对价格、土地资源条件与农户农业机械服务外包需求 [J].
中国农村经济，2017 (8)：18 - 28.

蔡洁，夏显力. 农地确权真的可以促进农户农地流转吗？——基于关中-天水经济区调
查数据的实证分析 [J]. 干旱区资源与环境，2017，31 (7)：28 - 32.

蔡荣，蔡书凯. 农业生产环节外包实证研究——基于安徽省水稻主产区的调查 [J]. 农
业技术经济，2014 (4)：34 - 42.

陈超，黄宏伟，基于角色分化视角的稻农生产环节外包行为研究——来自江苏省三县
（市）的调查 [J]. 经济问题，2012 (9)：87 - 92.

陈超，李寅秋，等. 水稻生产环节外包的生产率效应分析——基于江苏省三县的面板数
据 [J]. 中国农村经济，2012 (2)：86 - 96.

陈飞，翟伟娟. 农户行为视角下农地流转诱因及其福利效应研究 [J]. 经济研究，2015，
50 (10)：163 - 177.

陈江华，罗凯，尹琴. 农地细碎化、农户分化及其社会关系——基于广东水稻种植户的
考察 [J]. 农林经济管理学报，2020，19 (1)：87 - 97.

陈江华，罗明忠，洪炜杰. 农地确权、细碎化与农村劳动力非农转移 [J]. 西北农林科
技大学学报（社会科学版），2020，20 (2)：88 - 96.

陈江华，罗明忠，张雪丽. 禀赋特征、外部环境与农业生产环节外包——基于水稻种植
户的考察 [J]. 新疆农垦经济，2016 (11)：1 - 11.

陈江华，罗明忠. 农地确权对水稻劳动密集型生产环节外包的影响——基于农机投资的
中介效应 [J]. 广东财经大学学报，2018，33 (4)：98 - 111.

陈强. 高级计量经济学及 Stata 应用（第二版）[M]. 北京：高等教育出版社，2014.

陈思羽，李尚蒲. 农户生产环节外包的影响因素——基于威廉姆森分析范式的实证研究

[J]. 南方经济, 2014 (12): 105-110.

陈文浩, 谢琳. 农业纵向分工: 服务外包的影响因子测度——基于专家问卷的定量评估
[J]. 华中农业大学学报 (社会科学版), 2015 (2): 17-24.

陈锡文, 陈昱阳, 张建军. 中国农村人口老龄化对农业产出影响的量化研究 [J]. 中国
人口科学, 2011 (2): 39-46, 111.

陈锡文. 中国农业发展形势及面临的挑战 [J]. 农村经济, 2015 (1): 3-7.

陈昭玖, 胡雯. 农地确权、交易装置与农户生产环节外包——基于"斯密—杨格"定理
的分工演化逻辑 [J]. 农业经济问题, 2016, 37 (8): 16-24, 110.

陈昭玖, 胡雯. 农业规模经营的要素匹配: 雇工经营抑或服务外包——基于赣粤两省农
户问卷的实证分析 [J]. 学术研究, 2016 (8): 93-100, 177.

程令国, 张晔, 刘志彪. 农地确权促进了中国农村土地的流转吗? [J]. 管理世界, 2016
(1): 88-98.

仇童伟, 石晓平, 马贤磊. 农地流转经历、产权安全认知对农地流转市场潜在需求的影
响研究——以江西省丘陵地区为例 [J]. 资源科学, 2015 (4): 645-653.

仇童伟, 罗必良. 农地调整会抑制农村劳动力非农转移吗? [J]. 中国农村观察, 2017
(4): 57-71.

仇童伟, 罗必良. 农业要素市场建设视野的规模经营路径 [J]. 改革, 2018 (3):
90-102.

仇童伟, 罗必良. 种植结构"趋粮化"的动因何在?——基于农地产权与要素配置的作
用机理及实证研究 [J]. 中国农村经济, 2018 (2): 65-80.

仇童伟, 罗必良. 强化地权能够促进农地流转吗? [J]. 南方经济, 2020 (12): 1-18.

董欢, 郭晓鸣. 生产性服务与传统农业: 改造抑或延续——基于四川省 501 份农户家庭
问卷的实证分析 [J]. 经济学家, 2014 (6): 84-90.

董欢. 水稻生产环节外包服务行为研究 [J]. 华南农业大学学报 (社会科学版), 2017,
16 (2): 91-101.

杜三峡, 罗小锋, 黄炎忠, 唐林, 余威震. 风险感知、农业社会化服务与稻农生物农药
技术采纳行为 [J]. 长江流域资源与环境, 2021, 30 (7): 1768-1779.

杜志雄, 刘文霞. 家庭农场的经营和服务双重主体地位研究: 农机服务视角 [J]. 理论
探讨, 2017 (2): 78-83.

段培, 王礼力, 罗剑朝. 种植业技术密集环节外包的个体响应及影响因素研究——以河
南和山西 631 户小麦种植户为例 [J]. 中国农村经济, 2017 (8): 29-44.

丰雷, 蒋妍, 叶剑平. 诱致性制度变迁还是强制性制度变迁?——中国农村土地调整的

制度演进及地区差异研究 [J]. 经济研究，2013，48（6）：4-18，57.

冯华超. 农地确权与农户农地转入合约偏好——基于三省五县调查数据的实证分析 [J].
  广东财经大学学报，2019，34（1）：69-79.

扶玉枝，李琳琳，赵兴泉. 合作社农业产业链服务供给及其影响因素分析 [J]. 农林经
  济管理学报，2017，16（3）：285-292.

付江涛，纪月清，胡浩. 新一轮承包地确权登记颁证是否促进了农户的土地流转——来
  自江苏省3县（市、区）的经验证据 [J]. 南京农业大学学报（社会科学版），2016，
  16（1）：105-113，165.

付江涛，纪月清，等. 产权保护与农户土地流转合约选择——兼评新一轮承包地确权颁
  证对农地流转的影响 [J]. 江海学刊，2016（3）：74-80，238.

高强，孔祥智. 我国农业社会化服务体系演进轨迹与政策匹配：1978—2013年 [J]. 改
  革，2013（4）：5-18.

郜亮亮，冀县卿，黄季焜. 中国农户农地使用权预期对农地长期投资的影响分析 [J].
  中国农村经济，2013（11）：24-33.

郭晓鸣，任永昌，廖祖君，等. 农业大省农业劳动力老龄化的态势、影响及应对——基
  于四川省501个农户的调查 [J]. 财经科学，2014（4）：128-140.

国务院发展研究中心农村部课题组. 稳定和完善农村基本经营制度研究 [M]. 北京：中
  国发展出版社，2013.

韩剑萍，李秀萍. 农业社会化服务的农户需求意愿与现实供给——基于四川省296个样
  本农户的调查数据 [J]. 山西农业大学学报（社会科学版），2018（4）：38-46.

韩俊，张云华，等. 破解三农难题：30年农村改革与发展 [M]. 北京：中国发展出版
  社，2008.

韩俊. 以习近平总书记"三农"思想为根本遵循实施好乡村振兴战略 [J]. 管理世界，
  2018，34（8）：1-10.

何凌霄，南永清，张忠根. 老龄化、社会网络与家庭农业经营——来自CFPS的证据
  [J]. 经济评论，2016（2）：85-97.

何欣，蒋涛，郭良燕，等. 中国农地流转市场的发展与农户流转农地行为研究——基于
  2013—2015年29省的农户调查数据 [J]. 管理世界，2016（6）：79-89.

何秀荣. 公司农场：中国农业微观组织的未来选择？ [J]. 中国农村经济，2009（11）：
  4-16.

贺雪峰. 农地承包经营权确权的由来、逻辑与出路 [J]. 思想战线，2015，41（5）：
  75-80.

洪炜杰，陈江华. 农地细碎化对农地流转的影响 [J]. 中南财经政法大学学报，2021
（2）：103 - 110.

洪炜杰，罗必良. 地权稳定能激励农户对农地的长期投资吗 [J]. 学术研究，2018（9）：
78 - 86，177.

洪炜杰，朱文珏，胡新艳. 自购农机还是服务外包——基于新结构经济学的分析视角
[J]. 新疆农垦经济，2017（2）：13 - 18，49.

胡新艳，陈小知，王梦婷. 农地确权如何影响投资激励 [J]. 财贸研究，2017，28
（12）：72 - 81.

胡新艳，罗必良，王晓海. 农地流转与农户经营方式转变——以广东省为例 [J]. 农村
经济，2013（4）：28 - 32.

胡新艳，罗必良. 新一轮农地确权与促进流转：粤赣证据 [J]. 改革，2016（4）：
85 - 94.

胡新艳，杨晓莹. 农地流转中的禀赋效应及代际差异 [J]. 华南农业大学学报（社会科
学版），2017（1）：12 - 23.

胡新艳，杨晓莹. 农地流转中的禀赋效应及其影响因素：理论分析框架 [J]. 华中农业
大学学报（社会科学版），2017（1）：105 - 112，144.

胡新艳，朱文珏，罗必良. 产权细分、分工深化与农业服务规模经营 [J]. 天津社会科
学，2016（4）：93 - 98.

胡新艳，朱文珏，罗锦涛. 农业规模经营方式创新：从土地逻辑到分工逻辑 [J]. 江海
学刊，2015（2）：75 - 82，238.

黄枫，孙世龙. 让市场配置农地资源：劳动力转移与农地使用权市场发育 [J]. 管理世
界，2015（7）：71 - 81.

黄季焜，冀县卿. 农地使用权确权与农户对农地的长期投资 [J]. 管理世界，2012（9）：
76 - 81.

黄季焜，冀县卿. 农地使用权确权与农户对农地的长期投资 [J]. 管理世界，2012（9）：
76 - 81，99，187 - 188.

黄佩红，李琴，李大胜. 新一轮确权能促进农地流转吗？ [J]. 经济经纬，2018，35
（4）：44 - 49.

黄祖辉，王建英，陈志钢. 非农就业、土地流转与土地细碎化对稻农技术效率的影响
[J]. 中国农村经济，2014（11）：4 - 16.

纪月清，王许沁，陆五一，等. 农业劳动力特征、土地细碎化与农机社会化服务 [J].
农业现代化研究，2016，37（5）：910 - 916.

纪月清，钟甫宁．非农就业与农户农机服务利用［J］．南京农业大学学报（社会科学版），2013，13（5）：47－52.

冀县卿，黄季焜，郜亮亮．中国现行的农地政策能有效抑制农地调整吗？——基于全国村级数据的实证分析［J］．农业技术经济，2014（10）：4－11.

江雪萍．农业分工：生产环节的可外包性——基于专家问卷的测度模型［J］．南方经济，2014（12）：96－104.

姜松，曹峥林，刘晗．农业社会化服务对土地适度规模经营影响及比较研究——基于CHIP微观数据的实证［J］．农业技术经济，2016（11）：4－13.

姜长云，张藕香，洪群联．农机服务组织发展的新情况、新问题及对策建议［J］．全球化，2014（12）：80－90，105，135.

蒋永穆，周宇晗．农业区域社会化服务供给：模式、评价与启示［J］．学习与探索，2016（1）：102－107.

金高峰．农业生产与社会化服务：现状、困境与对策——基于江苏省49村490户农户的调查［J］．江苏大学学报（社会科学版），2015，17（6）：8－14.

孔祥智，徐珍源，史冰清．当前中国农业社会化服务体系的现状、问题和对策研究［J］．江汉论坛，2009（5）：13－18.

孔祥智．健全农业社会化服务体系实现小农户和现代农业发展有机衔接［J］．农业经济与管理，2017（5）：20－22.

郎秀云．确权确地之下的新人地矛盾——兼与于建嵘、贺雪峰教授商榷［J］．探索与争鸣，2015（9）：44－48.

李江一．农地确权如何影响农地流转？——来自中国家庭金融调查的新证据［J］．中南财经政法大学学报，2020（2）：146－156.

李金宁，刘凤芹，杨婵．确权、确权方式和农地流转——基于浙江省522户农户调查数据的实证检验［J］．农业技术经济，2017（12）：14－22.

李旻，赵连阁．农村劳动力流动对农业劳动力老龄化形成的影响——基于辽宁省的实证分析［J］．中国农村经济，2010（9）：68－75.

李琴，李大胜，陈风波．地块特征对农业机械服务利用的影响分析——基于南方五省稻农的实证研究［J］．农业经济问题，2017，38（7）：43－52，110－111.

梁银锋，陈雯婷，谭晶荣．全球化对中国农业生产性服务业的影响［J］．农业技术经济，2018（7）：4－18.

梁志会，张露，张俊飚．土地整治与化肥减量——来自中国高标准基本农田建设政策的准自然实验证据［J］．中国农村经济，2021（4）：123－144.

廖西元，申红芳，等．中国特色农业规模经营"三步走"战略——从"生产环节流转"到"经营权流转"再到"承包权流转"[J]．农业经济问题，2011（12）：15-22.

林万龙，孙翠清．农业机械私人投资的影响因素：基于省级层面数据的探讨［J］．中国农村经济，2007（9）：25-32.

林文声，秦明，苏毅清，等．新一轮农地确权何以影响农地流转？——来自中国健康与养老追踪调查的证据［J］．中国农村经济，2017（7）：29-43.

林文声，秦明，王志刚．农地确权颁证与农户农业投资行为［J］．农业技术经济，2017（12）：4-14.

林文声，王志刚．中国农地确权何以提高农户生产投资？［J］．中国软科学，2018（5）：91-100.

林文声，杨超，等．农地确权对中国农地经营权流转的效应分析——基于H省2009—2014年数据的实证分析［J］．湖南农业大学学报（社会科学版），2016（1）：15-21.

林小莉，邓雪霜，骆东奇，等．重庆农业社会化服务体系建设的现实困境与对策［J］．农业现代化研究，2016（2）：360-366.

凌若愚，潘镇，刘艺园．农村人口老龄化对土地流转影响的研究［J］．现代经济探讨，2018（7）：41-44.

刘承芳，张林秀，樊胜根．农户农业生产性投资影响因素研究——对江苏省六个县市的实证分析［J］．中国农村观察，2002（4）：34-42，80.

刘恺，罗明忠．农地确权、集体产权权能弱化及其影响——基于细碎化情景的讨论［J］．经济经纬，2018，35（6）：44-50.

刘庆宝，陈杭，吴海涛，霍增辉．农村外出务工劳动力就业行业选择行为分析［J］．农业技术经济，2013（8）：52-60.

刘荣茂，马林靖．农户农业生产性投资行为的影响因素分析——以南京市五县区为例的实证研究［J］．农业经济问题，2006（12）：22-26.

刘晓宇，张林秀．农村土地产权稳定性与劳动力转移关系分析［J］．中国农村经济，2008（2）：29-39.

刘迎君．禀赋特质、农民工回流创业与地域分层意愿［J］．贵州社会科学，2017（3）：133-140.

刘玥汐，许恒周．农地确权对农村土地流转的影响研究——基于农民分化的视角［J］．干旱区资源与环境，2016（5）：25-29.

刘长全，杜旻．土地承包经营权流转制度创新与改进方向——基于温州改革示范区的考察［J］．湖南农业大学学报（社会科学版），2015，16（1）：72-78.

柳凌韵，周宏. 正规金融约束、规模农地流入与农机长期投资——基于水稻种植规模农户的数据调查 [J]. 农业经济问题，2017，38（9）：65-76.

卢华，陈仪静，胡浩，耿献辉. 农业社会化服务能促进农户采用亲环境农业技术吗 [J]. 农业技术经济，2021（3）：36-49.

卢华，胡浩. 非农劳动供给：土地细碎化起作用吗？——基于刘易斯拐点的视角 [J]. 经济评论，2017（1）：148-160.

卢华，胡浩. 土地细碎化增加农业生产成本了吗？——来自江苏省的微观调查 [J]. 经济评论，2015（5）：129-140.

芦千文，姜长云. 中国农业生产性服务业的发展历程与经验启示 [J]. 南京农业大学学报（社会科学版），2016，16（5）：104-115.

芦千文. 中国农业生产性服务业的业务范围、供给模式和发展对策 [J]. 农林经济管理学报，2017，16（2）：199-206.

陆岐楠，张崇尚，仇焕广. 农业劳动力老龄化、非农劳动力兼业化对农业生产环节外包的影响 [J]. 农业经济问题，2017，38（10）：27-34.

罗必良，仇童伟. 中国农业种植结构调整："非粮化"抑或"趋粮化"[J]. 社会科学战线，2018（2）：39-51，2.

罗必良，李尚蒲. 农地流转的交易费用：威廉姆森分析范式及广东的证据 [J]. 农业经济问题，2010，31（12）：30-40，110-111.

罗必良，李玉勤. 农业经营制度：制度底线、性质辨识与创新空间——基于"农村家庭经营制度研讨会"的思考 [J]. 农业经济问题，2014，35（1）：8-18.

罗必良，杨雪娇，洪炜杰. 饥荒经历、禀赋效应与农地流转——关于农地流转不畅的机理性解释 [J]. 学术研究，2021（4）：78-86，177-178.

罗必良. 论服务规模经营——从纵向分工到横向分工及连片专业化 [J]. 中国农村经济，2017（11）：2-16.

罗必良. 论农业分工的有限性及其政策含义 [J]. 贵州社会科学，2008（1）：80-87.

罗必良. 农地产权模糊化：一个概念性框架及其解释 [J]. 学术研究，2011（12）：48-56，160.

罗必良. 农地流转的市场逻辑——"产权强度-禀赋效应-交易装置"的分析线索及案例研究 [J]. 南方经济，2014（5）：1-24.

罗必良. 农地确权、交易含义与农业经营方式转型——科斯定理拓展与案例研究 [J]. 中国农村经济，2016（11）：2-16.

罗必良. 农业家庭经营：走向分工经济 [M]. 北京：中国农业出版社，2017.

罗明忠，段珺．农业区域生产专业化、劳动分工与职业分化——源自茂名市化州杨梅镇浪山村的证据 [J]．佛山科学技术学院学报（社会科学版），2014（4）：21 - 26.

罗明忠，黄晓彤，陈江华．确权背景下农地调整的影响因素及其思考 [J]．农林经济管理学报，2018，17（2）：194 - 202.

罗明忠，刘恺，朱文珏．确权减少了农地抛荒吗——源自川、豫、晋三省农户问卷调查的 PSM 实证分析 [J]．农业技术经济，2017（2）：15 - 27.

罗明忠，刘恺．交易费用约束下的农地整合与确权制度空间——广东省阳山县升平村农地确权模式的思考 [J]．贵州社会科学，2017（6）：121 - 127.

罗明忠，罗琦．家庭禀赋对农民创业影响研究 [J]．经济与管理评论，2016，32（5）：13 - 19.

罗明忠，唐超．农地确权：模式选择、生成逻辑及制度约束 [J]．西北农林科技大学学报（社会科学版），2018，18（4）：12 - 17.

罗斯炫，何可，张俊飚．修路能否促进农业增长？——基于农机跨区作业视角的分析 [J]．中国农村经济，2018（6）：67 - 83.

罗小锋，向潇潇，李容容．种植大户最迫切需求的农业社会化服务是什么 [J]．农业技术经济，2016（5）：4 - 12.

马贤磊，仇童伟，等．农地产权安全性与农地流转市场的农户参与——基于江苏、湖北、广西、黑龙江四省（区）调查数据的实证分析 [J]．中国农村经济，2015（2）：22 - 37.

马贤磊．现阶段农地产权制度对农户土壤保护性投资影响的实证分析——以丘陵地区水稻生产为例 [J]．中国农村经济，2009（10）：31 - 41，50.

马贤磊．农地产权安全性对农业绩效影响：投资激励效应和资源配置效应——来自丘陵地区三个村庄的初步证据 [J]．南京农业大学学报（社会科学版），2010，10（4）：72 - 79.

毛飞，孔祥智．农地规模化流转的制约因素分析 [J]．农业技术经济，2012（4）：52 - 64.

冒佩华，徐骥．农地制度、土地经营权流转与农民收入增长 [J]．管理世界，2015（5）：63 - 74，88.

米运生，郑秀娟，曾泽莹，等．农地确权、信任转换与农村金融的新古典发展 [J]．经济理论与经济管理，2015（7）：63 - 73.

倪坤晓，谭淑豪．农地确权促进农地投资：文献评述及对中国的启示 [J]．中国物价，2017（1）：85 - 87.

彭建仿. 农业社会化服务供应链的形成与演进 [J]. 华南农业大学学报（社会科学版），2017，16（4）：45-52.

钱龙，陈会广，叶俊焘. 成员外出务工、家庭人口结构与农户土地流转参与——基于CFPS的微观实证 [J]. 中国农业大学学报，2019，24（1）：184-193.

钱龙，冷智花，付畅俭. 人口老龄化对居民家庭创业行为的影响——来自CFPS的经验证据 [J]. 改革，2021（6）：83-96.

乔志霞，霍学喜. 农业劳动力老龄化对土地利用效率的影响 [J]. 华南农业大学学报（社会科学版），2017，16（5）：61-73.

屈冬玉. 创新农业管理服务方式推进中国特色小农现代化 [J]. 农业网络信息，2017（5）：5-7.

申红芳，陈超，廖西元，等. 稻农生产环节外包行为分析——基于7省21县的调查 [J]. 中国农村经济，2015（5）：44-57.

申红芳，陈超，等. 中国水稻生产环节外包价格的决定机制——基于全国6省20县的空间计量分析 [J]. 中国农村观察，2015（6）：34-46，95.

石智雷，杨云彦. 家庭禀赋、家庭决策与农村迁移劳动力回流 [J]. 社会学研究，2012，27（3）：157-181，245.

石智雷，杨云彦. 家庭禀赋、农民工回流与创业参与——来自湖北恩施州的经验证据 [J]. 经济管理，2012，34（3）：151-162.

宋洪远. 新型农业社会化服务体系建设研究 [J]. 中国流通经济，2010（6）：35-38.

孙顶强，卢宇桐，田旭. 生产性服务对中国水稻生产技术效率的影响——基于吉、浙、湘、川4省微观调查数据的实证分析 [J]. 中国农村经济，2016（8）：70-81.

谈存峰，李双奎，陈强强. 欠发达地区农业社会化服务的供给、需求及农户意愿——基于甘肃样本农户的调查分析 [J]. 华南农业大学学报（社会科学版），2010（3）：1-8.

谭砚文，曾华盛. 农村土地承包经营权确权的创新模式——来自广东省清远市阳山县的探索 [J]. 农村经济，2017（4）：32-36.

唐轲，王建英，陈志钢. 农户耕地经营规模对粮食单产和生产成本的影响——基于跨时期和地区的实证研究 [J]. 管理世界，2017（5）：79-91.

田孟，贺雪峰. 中国的农地细碎化及其治理之道 [J]. 江西财经大学学报，2015（2）：88-96.

田甜，李隆玲，黄东，武拉平. 未来中国粮食增产将主要依靠什么？——基于粮食生产"十连增"的分析 [J]. 中国农村经济，2015（6）：13-22.

王海娟．农地确权政策的供需错位［J］．云南行政学院学报，2016，18（5）：17－23.

王建英，陈志钢，黄祖辉，Thomas Reardon．转型时期土地生产率与农户经营规模关系再考察［J］．管理世界，2015（9）：65－81.

王建英．水稻生产环节外包决策实证研究——基于江西省稻农水稻种植数据的研究［J］．浙江大学学报（人文社会科学版），2015（5）：1－22.

王嫚嫚，刘颖，蒯昊，等．土地细碎化、耕地地力对粮食生产效率的影响——基于江汉平原354个水稻种植户的研究［J］．资源科学，2017，39（8）：1488－1496.

王全忠，陈欢，张倩，周宏．农户水稻"双改单"与收入增长：来自农村社会化服务的视角［J］．中国人口·资源与环境，2015，25（3）：153－162.

王全忠，周宏．农业生产性投资、流转租期与效益追求方式［J］．华南农业大学学报（社会科学版），2017，16（5）：15－27.

王许沁，张宗毅，葛继红．农机购置补贴政策：效果与效率——基于激励效应与挤出效应视角［J］．中国农村观察，2018（2）：60－74.

王雪琪，朱高立，邹伟．农户生计资本、家庭要素流动与农地流转参与［J］．长江流域资源与环境，2021，30（4）：992－1002.

王颜齐，郭翔宇．种植户农业雇佣生产行为选择及其影响效应分析——基于黑龙江和内蒙古大豆种植户的面板数据［J］．中国农村经济，2018（4）：106－120.

王洋，殷秀萍，郭翔宇．农业社会化服务供给模式分析与评价［J］．农机化研究，2011，33（11）：1－4.

王钊，刘晗，曹峥林．农业社会化服务需求分析——基于重庆市191户农户的样本调查［J］．农业技术经济，2015（9）：17－26.

王志刚，申红芳，廖西元．农业规模经营：从生产环节外包开始——以水稻为例［J］．中国农村经济，2011（9）：4－12.

魏娟，赵佳佳，刘天军．土地细碎化和劳动力结构对生产技术效率的影响［J］．西北农林科技大学学报（社会科学版），2017，17（5）：55－64.

温忠麟，张雷，侯杰泰．有中介的调节变量和有调节的中介变量［J］．心理学报，2006（3）：448－452.

温忠麟，张雷，等．中介效应检验程序及其应用［J］．心理学报，2004（5）：614－620.

翁贞林，徐俊丽．农机社会化服务与农地转入：来自小规模稻农的实证［J］．农林经济管理学报，2019，18（1）：1－11.

吴明凤，李容．土地细碎化影响农户家庭投资农机作业社会化服务的调查分析——以11省280户农机户为例［J］．重庆工商大学学报（社会科学版），2017，34（2）：

48 - 60.

伍骏骞,方师乐,李谷成,徐广彤. 中国农业机械化发展水平对粮食产量的空间溢出效
　　应分析——基于跨区作业的视角 [J]. 中国农村经济,2017 (6):44 - 57.

夏蓓,蒋乃华. 种粮大户需要农业社会化服务吗? ——基于江苏省扬州地区 264 个样本
　　农户的调查 [J]. 农业技术经济,2016 (8):15 - 24.

肖卫东,杜志雄. 农业生产性服务业发展的主要模式及其经济效应——对河南省发展现
　　代农业的调查 [J]. 学习与探索,2012 (9):112 - 115.

谢琳,廖佳华,李尚蒲. 服务外包有助于化肥减量吗? ——来自荟萃分析的证据 [J].
　　南方经济,2020 (9):26 - 38.

谢琳,钟文晶. 村干部身份、环节特性与社会化生产服务获得——基于市场合约与配额
　　合约的比较研究 [J]. 农业技术经济,2017 (3):99 - 108.

谢琳,钟文晶. 规模经营、社会化分工与深化逻辑——基于“农业共营制”的案例研究
　　[J]. 学术研究,2016 (8):101 - 106,177 - 178.

熊瑞祥,李辉文. 儿童照管、公共服务与农村已婚女性非农就业——来自 CFPS 数据的
　　证据 [J]. 经济学(季刊),2017,16 (1):393 - 414.

徐娜,张莉琴. 劳动力老龄化对我国农业生产效率的影响 [J]. 中国农业大学学报,
　　2014,19 (4):227 - 233.

徐章星,张兵,刘丹. 市场化进程中社会网络对农地流转的影响研究 [J]. 南京农业大
　　学学报(社会科学版),2020,20 (6):134 - 147.

许庆,刘进,钱有飞. 劳动力流动、农地确权与农地流转 [J]. 农业技术经济,2017
　　(5):4 - 16.

许庆,尹荣梁,章辉. 规模经济、规模报酬与农业适度规模经营——基于我国粮食生产
　　的实证研究 [J]. 经济研究,2011 (3):59 - 71,94.

许庆,章元. 土地调整、地权稳定性与农民长期投资激励 [J]. 经济研究,2005 (10):
　　59 - 69.

闫阿倩,罗小锋,黄炎忠. 社会化服务对农户农药减量行为的影响研究 [J]. 干旱区资
　　源与环境,2021,35 (10):91 - 97.

杨进. 中国农业机械化服务与粮食生产 [D]. 杭州:浙江大学,2015.

杨万江,陈文佳. 中国水稻生产空间布局变迁及影响因素分析 [J]. 经济地理,2011,
　　31 (12):2086 - 2093.

杨云彦,石智雷. 家庭禀赋对农民外出务工行为的影响 [J]. 中国人口科学,2008 (5):
　　66 - 72,96.

杨子，张建，诸培新．农业社会化服务能推动小农对接农业现代化吗？——基于技术效率视角［J］．农业技术经济，2019（9）：16-26.

姚洋．中国农地制度：一个分析框架［J］．中国社会科学，2000（2）：54-65.

叶剑平，丰雷，蒋妍，罗伊·普罗斯特曼，等．2008年中国农村土地使用权调查研究——17省份调查结果及政策建议［J］．管理世界，2010（1）：64-73.

应瑞瑶，何在中，周南，张龙耀．农地确权、产权状态与农业长期投资——基于新一轮确权改革的再检验［J］．中国农村观察，2018（3）：110-127.

曾福生，史芳．农业社会化服务能抑制小农户的耕地撂荒行为吗？——基于湘赣浙三地微观调查数据的实证分析［J］．农村经济，2022（2）：37-44.

曾福生．推进土地流转发展农业适度规模经营的对策［J］．湖南社会科学，2015（3）：154-156.

曾雅婷，Jin Yanhong，吕亚荣．农户劳动力禀赋、农地规模与农机社会化服务采纳行为分析——来自豫鲁冀的证据［J］．农业现代化研究，2017，38（6）：955-962.

展进涛，张燕媛，张忠军．土地细碎化是否阻碍了水稻生产性环节外包服务的发展？［J］．南京农业大学学报（社会科学版），2016，16（2）：117-124.

张娟，张笑寒．农村土地承包经营权登记对土地流转的影响［J］．财经科学，2005（1）：188-194.

张军，郑循刚．劳动力老龄化对农村土地流转的影响——土地情结与劳动能力限制准占主导？［J］．长江流域资源与环境，2020，29（4）：997-1004.

张莉，金江，何晶，刘凯雯．农地确权促进了劳动力转移吗？——基于CLDS数据的实证分析［J］．产业经济评论，2018（5）：88-102.

张强强，霍学喜，刘军弟．苹果种植户生产环节外包行为研究——基于陕、甘、鲁三省960户调查数据［J］．华中农业大学学报（社会科学版），2018（2）：28-36，155.

张瑞娟．农村人口老龄化影响土地流转的区域差异及比较［J］．农业技术经济，2017（9）：14-23.

张晓敏，姜长云．不同类型农户对农业生产性服务的供给评价和需求意愿［J］．经济与管理研究，2015（8）：70-76.

张燕媛，张忠军．农户生产环节外包需求意愿与选择行为的偏差分析——基于江苏、江西两省水稻生产数据的实证［J］．华中农业大学学报（社会科学版），2016（2）：9-14，134.

张忠军，易中懿．农业生产性服务外包对水稻生产率的影响研究——基于358个农户的实证分析［J］．农业经济问题，2015（10）：69-76.

赵光，李放．非农就业、社会保障与农户土地转出——基于30镇49村476个农民的实证分析［J］．中国人口·资源与环境，2012（10）：102-110．

赵鑫，张正河，任金政．农业生产性服务对农户收入有影响吗？——基于800个行政村的倾向得分匹配模型实证分析［J］．农业技术经济，2021（1）：32-45．

赵玉姝，焦源，高强．农业技术外包服务的利益机制研究［J］．农业技术经济，2013（5）：28-35．

郑旭媛，徐志刚．资源禀赋约束、要素替代与诱致性技术变迁——以中国粮食生产的机械化为例［J］．经济学（季刊），2017，16（1）：45-66．

钟甫宁，刘顺飞．中国水稻生产布局变动分析［J］．中国农村经济，2007（9）：39-44．

钟甫宁，陆五一，徐志刚．农村劳动力外出务工不利于粮食生产吗？——对农户要素替代与种植结构调整行为及约束条件的解析［J］．中国农村经济，2016（7）：36-47．

钟文晶，罗必良．禀赋效应、产权强度与农地流转抑制——基于广东省的实证分析［J］．农业经济问题，2013（3）：6-16，110．

钟文晶，罗必良．契约期限是怎样确定的？——基于资产专用性维度的实证分析［J］．中国农村观察，2014（4）：42-51，95-96．

钟真，谭玥琳，穆娜娜．新型农业经营主体的社会化服务功能研究——基于京郊农村的调查［J］．中国软科学，2014（8）：38-48．

钟真，谭玥琳，穆娜娜．新型农业经营主体的社会化服务功能研究——基于京郊农村的调查［J］．中国软科学，2014（8）：38-48．

周丹，杨晓玉，刘翌．农产品生产环节中农户外包行为分析［J］．西北农林科技大学学报（社会科学版），2016，16（3）：125-129．

周宏，王全忠，张倩．农村劳动力老龄化与水稻生产效率缺失——基于社会化服务的视角［J］．中国人口科学，2014（3）：53-65，127．

周其仁．城乡中国［M］．北京：中信出版社，2013．

周作昂，赵绍阳，何庆红．劳动力老龄化对农业土地流转和规模经营的影响［J］．财经科学，2020（2）：120-132．

朱文珏，罗必良．行为能力、要素匹配与规模农户生成——基于全国农户抽样调查的实证分析［J］．学术研究，2016（8）：83-92，177．

庄丽娟，贺梅英，张杰．农业生产性服务需求意愿及影响因素分析——以广东省450户荔枝生产者的调查为例［J］．中国农村经济，2011（3）：70-78．

邹宝玲，仇童伟，罗必良，等．农地福利保障如何影响农地转出——基于制度保障与社区保障调节效应的分析［J］．上海财经大学学报，2017，19（3）：68-80．

Alston L J，Libecap G D. The determinants and impact of property rights：Land titles on the Brazilian frontier [J]. Journal of Law，Economics，and Organization，1996，12 (1)：25 – 61.

Besley T. Property rights and investment incentives：Theory and evidence from Ghana [J]. Journal of Political Economy，1995，103 (5)：903 – 937.

Brandt L，Huang J，Li G，et al. Land rights in rural China：Facts，fictions and issues [J]. The China Journal，2002 (47)：67 – 97.

Chernina E，Dower P C，Markevich A. Property rights，land liquidity，and internal migration [J]. Journal of Development Economics，2014，110：191 – 215.

De Janvry A，Emerick K，Gonzalez-Navarro M，et al. Delinking land rights from land use：Certification and migration in Mexico [J]. The American Economic Review，2015，105 (10)：3125 – 3149.

Deininger K，Ali D A，Alemu T. Impacts of land certification on tenure security，investment，and land markets：Evidence from Ethiopia [J]. Policy Research Working Paper，2008，87 (2)：1 – 33.

Deininger K，Zegarra E，Lavadenz I. Determinants and impacts of rural land market activity：Evidence from Nicaragua [J]. World Development，2003，31 (8)：1385 – 1404.

Demsetz H. Toward a Theory of Property Rights [J]. American Economic Review，1967，57 (2)：347 – 359.

Do Q，Iyer L. Land titling and rural transition in Vietnam [J]. Economic Development & Cultural Change，2008，56 (3)：531 – 579.

Dupraz P，Latruffe L，Kydd J. Trends in family labour，hired labour and contract work on French field crop farms：The role of the Common Agricultural Policy [J]. Food Policy，2015，51：104 – 118.

Giles J T，Mu R. Village political economy，land tenure insecurity，and the rural to urban migration decision：Evidence from China [J]. Social Science Electronic Publishing，2014，100 (2)：1 – 57.

Holden，S. ，Deininger，K. ，Ghebru，H. Impact of land certification on land rental market participation in Tigrayregion，Northern Ethiopia [J]. Mpra Paper NO. 5 211，Norwegian University of Life Science，2007 (5211)：1 – 30.

Houssou N，Diao X，Asanteaddo C，et al. Development of the capital service market in agriculture：The emergence of tractor-hire services in Ghana [J]. Journal of Developing

Areas, 2017, 51 (1): 241 – 257.

Igata M, Hendriksen A, Heijman W J M. Agricultural outsourcing: A comparison between the Netherlands and Japan [J]. Apstract Applied Studies in Agribusiness & Commerce, 2008, 2: 29 – 33.

Jeffrey G, Richard N, Carmen S, et al. Forage outsourcing in the dairy sector: The extent of use and impact on farm profitability [J]. Agricultural & Resource Economics Review, 2010, 39 (3): 399 – 414.

Ji C, Guo H, Jin S, et al. Outsourcing agricultural production: Evidence from rice farmers in Zhejiang Province [C]. Aaea & Waea Joint Meeting, July 26 – 28, San Francisco, California. Agricultural and Applied Economics Association & Western Agricultural Economics Association, 2015.

Jin S, Deininger K. Land rental markets in the process of rural structural transformation: Productivity and equity impacts from China [J]. Journal of Comparative Economics, 2009, 37 (4): 629 – 646.

Krusekopf, C. C: Diversity in Land-tenure Arrangement under the Household Responsibility System in China [M]. China Economic Review, 2002, 13 (2): 297 – 312.

Kung J K, Liu S. Property Rights and Land Tenure Organization in Rural China: An Empirical Study of Institutions and Institutional Change in Transitional Economies [R]. Mimeo. , Social Sciences Division, Hong Kong University of Sciences and Technology, 1996: 73 – 115.

Lei M X, Heerink N B M, Ierland V E C, et al. Land tenure insecurity and rural-urban migration in rural China (online first) [J]. Papers in Regional Science, 2014, 95 (2): 383 – 406.

Lewis W A. Economic development with unlimited supplies of labor [J]. The Manchester School, 1954, 22 (2): 53.

Luo B. 40 – year reform of farmland institution in China: Target, effort and the future [J]. China Agricultural Economic Review, 2018 (1): 16 – 35.

Maëlys De La Rupelle, Quheng D, Shi L, et al. Land rights insecurity and temporary migration in rural China [M]. Social Science Electronic Publishing, 2009: 1 – 37.

Mullan K, Grosjean P, Kontoleon A. Land tenure arrangements and rural-urban migration in China [J]. World Development, 2011, 39 (1): 123 – 133.

Picazo - Tadeo A J, Reig - Martínez E. Outsourcing and efficiency: The case of Spanish citrus farming [J]. Agricultural Economics, 2006, 35 (2): 213 – 222.

Saint-Macary C, Keil A, Zeller M, et al. Land titling policy and soil conservation in the northern uplands of Vietnam [J]. Land Use Policy, 2010, 27 (2): 617 – 627.

Schultz T W. Transforming traditional agriculture [M]. Yale University Press, 1964: 688 – 689.

Smith A. An Inquiry into the Nature and Causes of the Wealth of Nations [M]. Chicago: University of Chicago Press, 1776, 115 – 126.

Wen, G. J. The Land Tenure System and Its Saving and Investment Mechanism: The Case of ModernChina [M]. Asian Economy, 1995, Vol. 9 (3): 233 – 259.

Xu P, Kong X, Zhong Z, et al. Agricultural assistance in China: An analysis of farmers' opinions [J]. African Journal of Agricultural Research, 2011 (30): 6377 – 6386.

Yang J, Huang Z, Zhang X, et al. The rapid rise of cross-regional agricultural mechanization services in China [J]. American Journal of Agricultural Economics, 2013, 95 (5): 1245 – 1251.

Zhang X, Yang J, Thomas R. Mechanization outsourcing clusters and division of labor in Chinese agriculture [J]. China Economic Review, 2017 (43): 184 – 195.

Zhang Y, Wang X, Glauben T, et al. The impact of land reallocation on technical efficiency: Evidence from China [J]. Agricultural Economics, 2011, 42 (4): 495 – 507.